ROGER DAWSON

LA MAESTRÍA

EN LOS

NEGOCIOS

Obra publicada anteriormente
con el título de El arte de la negociación

SELECTOR ®
actualidad editorial
Doctor Erazo 120 Colonia Doctores México 06720, D.F.
Tel. (52 55) 51 34 05 70 Fax. (52 55) 57 61 57 16
LADA SIN COSTO: 01 800 821 72 80

Título: LA MAESTRÍA EN LOS NEGOCIOS
Autor: Roger Dawson
Traducción: Gerardo Hernández Clark
Colección: Negocios

Traducción de la obra original *Secrets of Power Negotiating*

Copyright: D.R. © 1992 2nd. Ed. By Roger Dawson.
        Original English language edition published by Career Pres, 3 Tice Rd.,
        Franklin Lakes, NJ07417 USA. All Rights Reserved.

Diseño de portada: Socorro Ramírez Gutiérrez

D.R. © Selector, S.A. de C.V., 2010
        Doctor Erazo 120, Col. Doctores
        C.P. 06720, México, D.F.

ISBN: 978-607-453-075-9

Primera edición: septiembre 2010

	Sistema de clasificación Melvil Dewey
650 D116 2010	Dawson, Roger *La maestría en los negocios* / Roger Dawson trad. Gerardo Hernández Clark.-- Cd. de México, México: Selector, 2010. 176pp. ISBN: 978-607-453-075-9 1. Negocios. 3. Administración empresarial.

Esta edición se imprimió en septiembre de 2010, *en Acabados Editoriales Tauro,*
S.A. de C.V. Margarita No. 84, Col. Los Ángeles, Iztapalapa, C.P. 09360, México, D.F.

Dedicado a:

Mi hermosa esposa Gisela, quien trajo
el amor de nuevo a mi vida.

Y a todos los asistentes a mis seminarios,
lectores de mis libros y escuchas de mis D.C.,
quienes compartieron sus experiencias
en la negociación conmigo.

Contenido

Contenido

¿Qué es la negociación eficaz?

Tal vez usted ha escuchado que el objetivo de una negociación es lograr un acuerdo en el que todas las partes ganan. Sería constructivo que tanto usted como la otra persona pudieran pararse de la mesa de negociaciones sintiendo que han ganado. Probablemente le han ilustrado esto con el ejemplo de los dos hombres que tienen una sola naranja que ambos quieren. Platican al respecto un rato y deciden que lo mejor que pueden hacer es dividirla por la mitad y conformarse cada uno con la mitad de lo que en realidad quiere. Para asegurar la imparcialidad, acuerdan que uno hará el corte y el otro escogerá. Sin embargo, al comentar las necesidades que los motivan, se dan cuenta de que uno quiere la naranja para preparar jugo y el otro la necesita por la cáscara, pues desea cocinar un pastel. Como por arte de magia, encuentran un camino en el que ambos ganan y ninguno pierde.

¡Sí, seguro! Es posible que esto ocurra en la vida real, pero no con una frecuencia significativa. Aceptémoslo, cuando usted está negociando, lo más probable es que la otra persona desee lo mismo que usted. No va a haber una solución mágica donde ambos ganen. Si le están comprando, querrán el precio más bajo y usted el más alto; si le están vendiendo, querrán el precio más alto y usted el más bajo. Lo que quieren es sacar dinero de su bolsillo y ponerlo en el de ellos.

La negociación eficaz asume una posición distinta. Le enseña cómo ganar en la mesa de negociaciones, pero dejando a la otra persona convencida de que él o ella ha ganado. Le enseñaré cómo hacer esto de tal manera que el otro piense permanentemente que ha ganado. Él no se levantará al día siguiente diciendo: "Ahora entiendo lo que esa persona me hizo; esperen a que me la encuentre otra vez" ¡No! Ellos estarán pensando en lo divertido que fue negociar con usted, y en lo impacientes que están por verlo de nuevo.

La habilidad para hacer que los otros sientan que han ganado, es tan importante que podría considerarse como la característica que define al negociador eficaz. Dos personas distintas podrían iniciar una negociación en igualdad de circunstancias. Tal vez estén comprando o vendiendo bienes raíces o equipo. Ambos podrían concluir la negociación al mismo precio y bajo los mismos términos, pero el negociador eficaz deja a la otra persona convencida de que él o ella ha ganado; el negociador ineficaz deja a la otra persona sintiendo que ha perdido.

Si usted aprende y aplica los secretos de la negociación eficaz que le enseñaré en este libro, no volverá a sentir que ha perdido en una negociación. Se levantará siempre de la mesa de negociaciones sabiendo que ha ganado y que ha mejorado su relación con la otra persona.

Jugando el juego
de la negociación eficaz

L a negociación eficaz se juega con base en un conjunto de reglas, tal como el ajedrez. La gran diferencia entre la negociación y el ajedrez, es que en la negociación la otra persona no tiene que saber las reglas. La otra persona responderá predeciblemente a los movimientos que haga. Esto no es cosa de magia; miles de mis alumnos han compartido conmigo sus experiencias en la negociación a lo largo de los años y por esta retroalimentación sabemos cómo reaccionará la otra persona a cualquier movimiento de negociación eficaz que usted efectúe. No es infalible, por supuesto, pero la probabilidad es tan alta que hoy sabemos que la negociación es más una ciencia que un arte.

Si usted conoce el ajedrez, sabrá que los movimientos estratégicos de este juego se llaman *recomendaciones*. Cuando hablo de recomendaciones de la negociación me refiero a movimientos estratégicos que implican algún riesgo. Le enseñaré cómo elegir la recomendación más adecuada. Su habilidad en la elección y en el uso oportuno de la recomendación correcta reducirá los riesgos. Las recomendaciones para las etapas iniciales hacen que el juego empiece a su favor, las recomendaciones para la etapa media lo mantienen en esta dirección, y las recomendaciones para la etapa final se usan cuando se está listo para dar jaque mate a la otra parte o, para decirlo en la jerga comercial, para cerrar el trato.

Aprenderá las recomendaciones para las etapas iniciales, las cosas que deben hacerse en los primeros contactos con la otra persona para asegurar una conclusión exitosa. Conforme avanza la negociación, se dará cuenta que cada paso adelante depende de la atmósfera que creó en las primeras etapas. Debe determinar las demandas que hará y la actitud que mostrará con un plan cuidadosamente elaborado que tome en cuenta todos los elementos de la negociación. Sus recomendaciones para las etapas iniciales lo harán ganar o perder el juego. Deberá usarlos con base en una cuidadosa evaluación de la otra persona, del mercado y de la compañía de la otra persona.

Posteriormente le enseñaré las recomendaciones para las etapas medias, las cuales mantienen el movimiento a su favor. En esta fase otros elementos entran en juego. Los movimientos hechos por cada parte provocan corrientes que se arremolinan alrededor de los participantes y los empujan en distintas direcciones. Aprenderá cómo responder a estas presiones y a continuar dominando el juego.

Por último, le enseñaré las recomendaciones no éticas, los principios de la negociación, y las recomendaciones para las etapas finales, que concluyen la negociación dándole a usted lo que quiere y dejando a la otra persona sintiendo que él o ella ha ganado. Los últimos momentos pueden marcar toda la diferencia. Tal como en una carrera de caballos, sólo hay un momento que cuenta en toda la competencia: la recta final. Como negociador eficaz usted aprenderá a controlar cómodamente todo el proceso hasta el último momento. Comencemos entonces aprendiendo las recomendaciones de la negociación eficaz.

RECOMENDACIÓN PARA LAS ETAPAS INICIALES DE LA NEGOCIACIÓN: PIDA MÁS DE LO QUE ESPERABA OBTENER

Una de las reglas fundamentales de la negociación eficaz es pedir a la otra persona más de lo que usted espera obtener. Henry Kissinger llegó a decir: "El éxito en la mesa de negociaciones reside en exagerar las demandas".

— ¿Por qué debe pedir en la tienda un descuento mayor al que cree poder obtener?

— ¿Por qué debe pedir a su jefe una suite ejecutiva cuando sabe que a lo más que aspira es a una oficina privada?

— Si está solicitando un empleo, ¿por qué debe pedir más dinero y más prestaciones de las que piensa que le darán?

— Si está descontento con un platillo en un restaurante, ¿por qué debe pedir al mesero que cancele la cuenta completa, aún cuando usted piensa que sólo eliminarán el cargo por ese platillo en particular?

Mientras menos sepa de la otra persona mayor debe ser su exigencia inicial, por dos razones:

1. Usted puede estar equivocado en sus suposiciones. Si no conoce bien a la otra persona, o sus necesidades, ésta bien podría estar dispuesta a pagar más de lo que usted piensa. Si él está vendiendo, podría estar dispuesto a aceptar mucho menos de lo que usted cree.

2. Si es una relación nueva, usted parecerá más cooperativo si está dispuesto a hacer grandes concesiones. Mientras más conozca a la otra persona y sus necesidades, más puede cambiar sus exigencias. Si la otra parte no lo conoce a usted, las demandas iniciales de ellos podrían ser más exageradas.

Si usted pide más de su exigencia máxima verosímil, muestre alguna flexibilidad. Si su exigencia inicial resulta exorbitante para la otra persona y la actitud que usted toma es "tómalo o déjalo" podría perder la oportunidad de iniciar una negociación. Es posible que el otro responda: "entonces no tenemos nada de qué hablar". Uno puede salirse con la suya con una exigencia inicial exagerada si muestra flexibilidad.

Si va a comprar bienes raíces directamente con el vendedor, podría decirle: "Sé que pide $200,000 por la propiedad, y que con todo lo que usted sabe puede parecerle un precio justo; tal vez usted sepa algo que yo no sé, pero con base en lo que he investigado me parece que deberíamos estar hablando de unos $160,000". En ese momento el vendedor debe estar pensando: "Es absurdo. Jamás vendería por ese precio. Sin embargo parece una persona sincera. No tengo nada que perder si dedico un momento a negociar con él, sólo para ver cuánto más le podría sacar".

Si usted es una vendedora, puede decir al comprador: "Podríamos modificar nuestra posición una vez que conozcamos mejor sus necesidades, pero con base en lo que sabemos hasta ahora acerca del monto de su pedido, la calidad del embalaje y que no requiere inventario "justo a tiempo", nuestra mejor oferta estaría en el ámbito de los $2.25 por pieza". En ese momento la otra persona podría estar pensando: "Ese precio es exorbitante, pero al parecer tienen alguna flexibilidad. Invertiré un momento negociando con ella, a ver cuánto logro que baje su precio."

A menos que usted sea un negociador con experiencia, éste es el problema que puede enfrentar aquí: su capacidad probablemente es más elevada de lo que usted cree. Todos tememos sentirnos ridiculizados por la otra persona (algo de lo que hablaré más cuando tratemos el poder de la coerción). Todos nos resistimos a tomar una posición que provoque que otro se burle de nosotros.

Por otra parte, pedir más de lo que se espera obtener aumenta el valor estimado de lo que uno ofrece. Si está solicitando un trabajo y pide un sueldo mayor al que espera obtener, está sembrando en la mente del jefe de personal la idea de que usted vale eso. Si está vendiendo un automóvil y pide más de lo que espera obtener, ello hace que el comprador crea que el automóvil vale más. Si uno empieza con su mejor oferta no hay manera en que pueda negociar dejando al otro sintiendo que ha ganado. Es el caso del negociador inexperto que siempre quiere iniciar sus negociaciones con su mejor oferta. Es el caso del solicitante de empleo que piensa: "Es un mercado de trabajo difícil; si pido demasiado nunca me tomarán en cuenta".

Nivelar

La siguiente pregunta sería: si debo pedir más de lo que espero obtener, ¿cuánto más debo pedir? La respuesta es que debe nivelar su objetivo. Su petición inicial debe estar a la misma distancia de su objetivo que la propuesta de la otra parte, pero en sentido contrario. Déjeme darle unos sencillos ejemplos:

El vendedor de automóviles pide $15,000 por un automóvil. Usted está dispuesto a pagar $13,000. Haga un ofrecimiento inicial de $11,000.

Usted es vendedor, y su comprador le ofrece $1.60 por su producto. Para usted es suficiente con $1.70. Inicie la negociación pidiendo $1.80. De este modo si llega a un acuerdo intermedio aun así habrá obtenido su objetivo.

Por supuesto que no siempre se llegará a un acuerdo intermedio, pero es un buen punto de partida si carece de otro criterio para basar su exigencia inicial. Asuma que terminará en el medio, entre las dos propuestas iniciales. Si sigue este consejo le sorprenderá ver cuantas veces ocurre.

En asuntos menores. Su hijo le dice que necesita $20 para una excursión el fin de semana. Usted dice: "De ninguna manera. No te daré $20. ¿Te das cuenta de que cuando yo tenía tu edad me daban 50 centavos a la semana, y que tenía que trabajar por ellos? Te daré $10 y ni un quinto más". Su hijo dirá: "$10 no me alcanzan, papá". Usted ha establecido un ámbito de negociación. Él pide $20, usted ofrece $10. Notará con cuanta frecuencia uno termina en $15. En nuestra cultura se considera que dividir la diferencia es lo justo.

Tanto en asuntos menores como en asuntos importantes, generalmente terminamos dividiendo la diferencia. Mediante la nivelación, el negociador eficaz asegura su éxito aun si eso ocurre. Para nivelar uno hace que la otra persona establezca primero su posición. Si la otra persona hace que usted establezca la suya primero, entonces él o ella puede nivelarlo a usted, de modo que si usted termina dividiendo la diferencia, como pasa frecuentemente, la otra persona terminará obteniendo lo que quería. Ese es un principio subyacente de la negociación al que volveré más tarde. Haga que la otra persona determine su posición primero. Puede no ser tan malo como usted imagina, y es la única manera de nivelar una proposición.

Al mismo tiempo, evite que la otra persona lo obligue a proponer primero. Si la situación está bien para usted, y no tiene presiones para hacer un movimiento primero, sea audaz y diga a la otra persona: "Usted es el interesado. Para mí las cosas están bien así; si quiere que lleguemos a un acuerdo, usted tiene que hacer una propuesta".

Otra ventaja de nivelar es que le da una idea de qué tan grandes pueden ser sus concesiones a medida que la negociación avanza. Veamos cómo aplicaría esto en las tres situaciones descritas arriba. El vendedor del automóvil le pide $15,000. Usted quiere comprar por $13,000, y hace una oferta inicial de $11,000. Si el vendedor baja su precio a 14,500 usted puede subir su oferta a $11,500, lo que mantendría su objetivo nivelado. Si el vendedor baja a $14,200 también usted puede subir su oferta $300 hasta $11,800.

Una de sus empleadas le pregunta si puede gastar $400 en un escritorio nuevo. Usted piensa que $325 es un gasto razonable, y sugiere $250. Si el empleado le dice que tal vez pueda conseguir lo que necesita con $350 usted puede responderle que tal vez puede conseguir $300 del presupuesto. Como ambos se han movido $50, el objetivo sigue nivelado en el punto medio.

¿Recuerda al comprador que le ofrecía $1.60 por su producto? Usted le dijo que su compañía estaría perdiendo si vendiera a menos de $1.80. Su objetivo es obtener $1.70. El comprador sube su oferta a $1.63. Ahora usted puede bajar a $1.77 y su objetivo continúa en el punto medio entre las propuestas de la mesa de negociaciones. En ese momento usted puede avanzar sobre su objetivo sabiendo que si la otra parte propone dividir la diferencia usted seguirá logrando su objetivo. Sin embargo, hay un riesgo al nivelar. Debe evitar ser tan predecible en sus respuestas que la otra parte descubra su patrón de concesiones. He puesto ejemplos calculados matemáticamente para clarificar la explicación, pero usted debe hacer movimientos más variados para que sea difícil que otro descubra sus razones.

PUNTOS PARA RECORDAR

Pida más de lo que espera obtener

Cinco razones para hacerlo.

1. Podría obtenerlo.
2. Le da con qué negociar.
3. Aumenta el valor estimado de lo que ofrece.
4. Evita que la negociación se estanque.
5. Crea un clima donde el otro siente que ha ganado.

Recomendación para las etapas iniciales de la negociación: estremecerse ante las propuestas

El negociador eficaz sabe que siempre debe estremecerse, esto es, reaccionar con desconcierto y sorpresa a las propuestas de la otra persona. Imagine que está en un parque y se acerca a ver a un dibujante. Como éste no tiene anunciados los precios, usted pregunta cuánto cobra. Él contesta que $15. Si ese precio no parece sorprenderlo lo siguiente que escuchará será: "Y $5 más a color". Si aún no muestra desconcierto él continuará: "Y tenemos estos sobres protectores; necesitará uno de ellos".

Tal vez usted esté casado con alguien que jamás se estremecería pues lo consideraría indigno. Mi primera esposa era así. Si entrábamos a una tienda, ella preguntaba al dependiente: "¿Cuánto cuesta este abrigo?"

Él contestaba: "$2000".

Y mi esposa decía: "¡No está mal!" mientras a mí me daba un infarto. Sé que suena tonto y sé que suena ridículo, pero la verdad es que cuando alguien le hace una propuesta, él o ella está al pendiente de su reacción. Tal vez en ningún momento creyeron obtener lo que pedían. Sólo lo dijeron para ver cómo reaccionaba usted.

Por ejemplo:

—Usted es un vendedor de computadoras y el comprador le pide una garantía de cobertura amplia.
—Quiere comprar un automóvil y da el suyo a cuenta, pero el vendedor le ofrece muy poco por él.
—Usted vende materiales para construcción, y el comprador le pide la entrega del material en el lugar de la construcción y sin cargo extra.
—Usted vende su casa y el comprador quiere mudarse dos semanas antes del cierre de la transacción.

En cada una de estas situaciones es posible que la otra parte no haya pensado siquiera en obtener lo que pedía, pero si usted no se estremece, él o ella pensarán automáticamente: "Tal vez me salga con la mía. Jamás imaginé que aceptarían. Seré más agresivo para ver hasta donde puedo llevarlo". Es muy interesante observar una negociación cuando uno sabe lo que las dos partes están pensando. ¿No cree que sería fascinante? ¿No le encantaría saber lo que está pasando por la mente de la otra persona cuando usted está negociando con ella?

El ámbito de aceptación abarca los niveles de precio en los que el ámbito de negociación de ambas partes se traslapan. Si en efecto esto sucede, y hay un ámbito de negociación, es casi seguro que la cantidad final que acuerden quedará dentro de ese ámbito. Si el punto máximo de ámbito de negociación del comprador es menor al punto mínimo del ámbito del vendedor, entonces una parte o ambas tendrán que modificar sus objetivos.

La negociación inicia cuando cada parte intenta hacer que la otra haga la primera oferta. Alguien tiene que romper el hielo, de modo que el vendedor sugiere $2 millones (el punto máximo de su ámbito de negociación). Ellos creen que $2 millones es un precio ridículamente alto, y apenas se atrevieron a decirlo. Creyeron que iban a burlarse de ellos en el momento en que lo dijeran. Para su sorpresa, los compradores no parecieron desconcertarse. Los vendedores esperaban escuchar: "¿Quieren que paguemos eso? ¡Deben estar chiflados!" Pero respondieron de una manera mucho más suave, algo así como: "Creo que no estamos preparados para pagar una suma como esa". En un instante la negociación cambió de tono. Hace unos segundos los $2 millones parecían una meta imposible. Ahora los vendedores piensan que tal vez no están tan desubicados como creían. Ahora están pensando: "Insistamos y actuemos implacablemente; es posible que obtengamos esta suma".

Estremecerse es crucial porque la mayoría de las personas creen más en lo que ven que en lo que escuchan. Lo visual supera a lo auditivo en la mayoría de la gente. Es un cálculo confiable si usted asume que por lo menos 70 por ciento de las personas con las que negocia son visuales. Lo que ven es más importante que lo que oyen. Es tan efectivo que siempre sorprende a mis alumnos cuando lo utilizan por vez primera.

PUNTOS PARA RECORDAR

1. Reaccione con un estremecimiento ante las propuestas de la otra parte. Puede que ellos no esperen obtener lo que están pidiendo, pero si usted no muestra sorpresa, les está diciendo que es una posibilidad.
2. Frecuentemente a un estremecimiento sigue una concesión. Si usted no se estremece, la otra persona negociará más agresivamente.
3. Si no está frente a frente con la otra persona, aun así puede dar un pequeño gruñido de desconcierto y sorpresa. Los "estremecimientos telefónicos" son también muy efectivos.

RECOMENDACIÓN PARA LAS ETAPAS INICIALES DE LA NEGOCIACIÓN: EVITE LA NEGOCIACIÓN CONTENCIOSA

Lo que uno dice en los primeros momentos de la negociación frecuentemente establece el clima de la negociación entera. La otra persona rápidamente se da cuenta si usted busca un acuerdo donde ambas partes ganen, o si usted es un negociador agresivo dispuesto a llevarse todo lo que pueda. Es en esto en lo que estoy en desacuerdo con la manera en que negocian los abogados. Ellos son negociadores contenciosos. Usted recibe ese sobre blanco con caracteres en relieve en la esquina superior izquierda y piensa: "Oh no, ¿y ahora qué?" Abre la carta, ¿y cuál es la primera comunicación que recibe de ellos? Una amenaza. Le dicen lo que le van a hacer si no les da lo que piden.

Sea cuidadoso con lo que dice al principio. Si la otra persona toma una posición con la que usted está en total desacuerdo, no discuta. Discutir sólo intensifica el deseo de la otra persona de demostrar que tiene la razón. Es más conveniente consentir al principio con el otro, y después voltear la situación usando la fórmula "siente, sintieron, descubrimos".

Responda diciendo: "Comprendo perfectamente cómo se siente al respecto. Otras personas se sintieron exactamente igual. (En este momento ha logrado desechar ese espíritu competitivo. No está discutiendo, está consintiendo). ¿Pero sabe lo que descubrimos? Cuando lo analizamos con cuidado descubrimos que..." Veamos un ejemplo.

Usted está solicitando un empleo. El jefe de recursos humanos le dice: "No creo que tenga experiencia suficiente en este campo". Si usted contestara: "He tenido trabajos más difíciles anteriormente", eso podría entenderse como "Yo tengo la razón y usted está equivocado". Esto sólo provocará que la otra parte defienda la posición que ha tomado. En cambio, si usted dice: "Sé perfectamente cómo se siente al respecto. Otras personas pensaron exactamente lo mismo. Sin embargo hay grandes similitudes, que no son evidentes a primera vista, entre los trabajos que he tenido y el que ustedes ofrecen. Permítame explicárselas".

En vez de discutir de entrada, adopte el hábito de consentir primero y después darle la vuelta.

En mis seminarios pido a una persona de la primera fila que se ponga de pie. Estiro mis brazos al frente con las palmas hacia la persona que se levantó y le pido que ponga sus manos frente a las mías. Sin decir otra palabra empiezo a empujarlo suavemente. De manera automática, y sin instrucción alguna, la persona comienza a empujar hacia mí. La gente empuja cuando usted la empuja. Del mismo modo, cuando usted discute con alguien provoca que esa persona discuta con usted.

La otra gran ventaja de la fórmula "siente, sintieron, descubrimos" es que le da tiempo para pensar. Tal vez usted está en el bar y esa mujer le dice: "No dejaría que me invitaras un trago aunque fueras el último hombre sobre la tierra". Usted nunca había oído algo como esto antes. Queda desconcertado. No sabe qué hacer, pero tiene presente la fórmula "siente, sintieron, descubrimos", y puede decir: "Entiendo perfectamente cómo se siente al respecto. Otras personas se sintieron exactamente igual. Sin embargo han descubierto que...". Para cuando usted llegue a este punto ya se le habrá ocurrido algo.

Del mismo modo, algunas veces encontramos a la otra persona en un mal momento. Suponga que usted es un vendedor que llama para concertar una cita, y la persona le dice: "No dispongo de tiempo para desperdiciarlo con un cerdo vendedor". Usted responde calmadamente: "Entiendo perfectamente cómo se siente al respecto. Otras personas se han sentido del mismo modo. Sin embargo..." Para cuando llegue ahí, usted habrá recobrado la compostura y sabrá exactamente qué decir.

PUNTOS PARA RECORDAR

1. No discuta con las personas en las primeras etapas de la negociación, pues esto crea confrontación.
2. Utilice la fórmula "siente, sintieron, descubrimos" para evadir un trato hostil.
3. La fórmula "siente, sintieron, descubrimos" le dará tiempo para pensar si la otra parte le da un inesperado trato hostil.

Recomendación para las etapas iniciales de la negociación. El vendedor renuente y el comprador renuente

Imagine que posee un velero, y que está desesperado por venderlo. Era divertido cuando lo compró, pero ya casi no lo usa, y los gastos de mantenimiento se lo están comiendo vivo. En el preciso momento en que piensa: "Voy a regalar esta porquería al primero que pase", voltea y ve a un hombre elegantemente vestido, con una joven del brazo, que viene caminando por el muelle. Él viste unos mocasines Gucci, pantalones blancos, y un blazer Burberry coronado con una mascada de seda. Su joven dama trae tacones altos, un vestido de seda, grandes lentes para sol, y unos enormes aretes de diamantes.

Se detienen junto al velero, y el hombre dice: "Es un hermoso velero, joven. ¿Acaso le interesaría venderlo?"

La mujer se le acurruca diciendo: "¡Oh, comprémoslo, cariño! ¡Sería tan divertido!". Usted siente que el corazón le va a estallar de alegría, y en su interior canta: "¡Gracias Dios! ¡Gracias Dios!"

Expresando ese sentimiento no va a obtener el mejor precio por su bote, ¿no lo cree? ¿Cómo es que va a obtener el mejor precio? Representando al vendedor renuente. Siga limpiando y diga: "Son bienvenidos a subir al bote, pero no había pensado en venderlo". Muéstreles el velero y a cada paso dígales cuánto ama ese bote y cuánto se ha divertido navegando en él. Finalmente exprese: "Ahora me doy cuenta de que este bote sería perfecto para ustedes, y de cuánto se divertirían, pero sinceramente no creo poder soportar separarme de él. Sin embargo, sólo para corresponderle, ¿Cuál sería su mejor oferta?"

Los negociadores eficaces saben que la técnica del vendedor renuente estira el ámbito de la negociación antes de que ésta comience. Si ya ha hecho un buen trabajo provocando en la otra persona el deseo de poseer el bote, ésta ya habrá establecido mentalmente un ámbito. Puede que esté pensando: "Estaría dispuesto a pagar $30,000; $25,000 sería un buen negocio; y $20,000 sería una ganga". Por lo tanto su ámbito de negociación abarca desde $20,000 hasta $30,000. Por el simple hecho de representar al vendedor renuente, usted habrá logrado empujarlo a lo largo de todo su ámbito. Si usted hubiera aparentado estar ansioso por vender, tal vez él le hubiera ofrecido $20,000. Representando al vendedor renuente tal vez lo ha empujado a la mitad o incluso al tope de su ámbito de negociación, incluso antes de que ésta iniciara.

Recuerdo un condominio con vista al mar que compré como una inversión. El dueño pedía $59,000. El mercado de bienes raíces estaba muy activo en aquel tiempo, y yo ignoraba si el vendedor estaba ansioso por vender o si ya había recibido otras ofertas. Redacté tres ofertas, una de $49,000, otra de $54,000 y otra de $59,000. Hice una cita con el vendedor, quien se había mudado del condominio de Long Beach y vivía ahora en Pasadena.

Después de hablar un rato con él determiné que no había otras ofertas y que estaba ansioso por vender. Abrí el portafolios donde tenía las tres ofertas y saqué la más baja. Él aceptó, y al año siguiente vendí la propiedad en $129,000.

Existe también el "precio de huida", el precio al cual el vendedor no quiere o no puede vender. La otra persona ignora cuál es este precio, de modo que debe sondear para obtener esa información. El comprador debe poner en práctica algunas recomendaciones de negociación para descubrir cuál es el precio de huida del vendedor.

Cuando uno representa al comprador renuente, el vendedor no va a saltar del precio deseable al precio de huida. Esto es lo que pasará: cuando uno representa al comprador renuente, el vendedor habitualmente elimina la mitad de su ámbito de negociación. Si un vendedor de computadoras sabe que el precio más bajo que puede ofrecer es $175,000, esto es, $50,000 por debajo de precio de lista, él responderá a la recomendación del comprador renuente con un: "Bueno, le diré qué haremos. Estamos a final de trimestre y tenemos una competencia entre vendedores. Si me hace el pedido hoy, se lo puedo ofrecer al increíble precio de $200,000". Él habrá desechado la mitad de su recomendación de negociación tan sólo porque usted representó al comprador renuente.

Cuando otra persona le aplica esto a usted, se trata solamente de un juego. El negociador eficaz no se molesta por ello. Sencillamente aprende a jugar el juego de la negociación mejor que el otro. Cuando alguien le aplique esta recomendación a usted, la respuesta correcta es seguir esta secuencia de recomendaciones:

"Creo que no hay flexibilidad alguna con respecto al precio, pero si me dice qué podríamos hacer para cerrar el trato (obligar al otro a comprometerse primero), yo se lo propondré a mis superiores (recomendación de la autoridad superior, una recomendación para las etapas intermedias de la negociación que explicaré más adelante), y veré qué puedo hacer por usted ante ellos ("el bueno y el malo", una recomendación para la etapa final de la negociación)".

> ## PUNTOS PARA RECORDAR
>
> 1. Siempre represente al vendedor renuente.
> 2. Siempre represente al comprador renuente.
> 3. Jugar esta recomendación es un modo excelente de estirar la recomendación de negociación del otro, antes de que inicie siquiera la negociación.
> 4. Normalmente la otra persona desechará la mitad de su ámbito de negociación sólo porque usted hizo esto.
> 5. Cuando alguien lo use con usted, haga que se comprometa, utilice la "autoridad superior", y cierre con "el bueno y el malo".

Recomendación para las etapas iniciales de la negociación. Utilice la técnica del torno

La técnica del torno es otra recomendación muy efectiva para negociar, y le sorprenderá lo que puede lograr con ella. Se trata simplemente de la expresión: "Tendrá que mejorar su oferta". Le mostraré cómo la utilizan los negociadores eficaces. Imagine que usted es propietario de una pequeña compañía siderúrgica que vende productos de acero al mayoreo, y está llamando a una fábrica cuyo comprador ya conoce su oferta. Usted ha ignorado su insistencia en que están a gusto con su actual proveedor y ha hecho un buen trabajo dando a desear su producto.

Finalmente la otra persona le dice: "Estoy muy satisfecho con nuestro proveedor actual, sin embargo creo que no estaría mal tener un segundo abastecedor, sólo para obligarlos a mantener su nivel. Le compraré una carga si puede bajar su precio a $1.22 la libra".

Usted responde utilizando la recomendación del torno, diciendo con tranquilidad: "Lo siento, tendrá que mejorar su oferta".

Un negociador experimentado respondería con la siguiente recomendación de respuesta: "¿Exactamente cuánto debo mejorarla?" Aquí el negociador lo está forzando a ser específico. Sin embargo le sorprenderá cuán a menudo los negociadores inexpertos renuncian a una buena parte de sus ámbitos de negociación sencillamente porque usted hizo esto. ¿Cuál es el siguiente paso después de decir: "Tendrá que mejorar su oferta"? En efecto. Callarse. No diga una palabra más. La otra parte podría estar a punto de ceder. Los vendedores llaman a esto el "cierre silencioso", y lo aprenden en su primera semana en los negocios. Usted propone algo y enseguida se calla. Es posible que la otra persona acepte, de modo que es tonto hablar mientras usted no sepa si lo hará o no.

Una vez vi a dos vendedores aplicarse el cierre silencioso mutuamente. Estábamos tres personas sentadas alrededor de una mesa circular, y el hombre a mi derecha quería comprar un inmueble del hombre a mi izquierda. Aquél hizo su oferta e inmediatamente guardó silencio, tal como le habían enseñado en la escuela de comercio. La persona a mi izquierda, más experimentada, debió haber pensado: "¡Barbaján! No puedo creerlo. Tratar de aplicarme el cierre silencioso. ¡A mí! Pero le daré una lección. No diré una palabra".

Y ahí estaba yo, entre dos tenaces negociadores desafiándose en silencio el uno al otro a hablar. Había un silencio sepulcral en la habitación, excepto por el tictac del reloj de pie. Los observé y era evidente que ambos sabían lo que estaba pasando. Ninguno estaba dispuesto a ceder. Yo no sabía si esto se iba a resolver. Pareció que había transcurrido media hora, pero probablemente fueron sólo cinco minutos; en nuestra cultura, una situación silenciosa parece eterna.

Finalmente el negociador más experimentado dio fin al punto muerto garabateando la palabra "¿entonses?" en un bloc, mismo que deslizó sobre la mesa hacia el otro. Había escrito incorrectamente la palabra entonces a propósito. El más joven lo leyó y dijo sin pensar: "Escribió mal '*entonces*'". Y una vez que empezó a hablar ya no pudo detenerse. (¿Conoce algún vendedor así? Una vez que inician ya no pueden parar). Y continuó diciendo: "Si no está dispuesto a aceptar mi oferta, yo estoy dispuesto a darle otros $2.000, pero ni un quinto más". Él había renegociado su propia oferta antes de descubrir si el otro la aceptaba o no.

En suma, para utilizar la técnica del torno el negociador eficaz sencillamente responde a las ofertas o a las ofertas de respuesta del otro con un: "Lo siento, tendrá que mejorar su oferta", y enseguida se calla.

Un cliente me llamó después de que di un seminario para sus gerentes de: los secretos de la negociación eficaz, y me dijo: "Roger, pensé que le gustaría saber que acabamos de ganar $14,000 aplicando una de las recomendaciones que nos enseñó. Necesitábamos comprar equipo nuevo para nuestras oficinas en Miami, y el procedimiento habitual era pedir presupuestos a tres proveedores y elegir el más bajo. Yo ya tenía los tres presupuestos en la mano y estaba apunto de dar el visto bueno a uno de ellos. En ese momento recordé lo que me enseñó acerca de la técnica del torno, y pensé: ¿Qué puedo perder? Garabatee en el presupuesto 'tendrá que mejorar su oferta' y se los regresé por correo. Su oferta de respuesta llegó con $14,000 menos de lo que yo estuve a punto de aceptar".

Puede que usted esté pensando: "Roger, tú no me has dicho si la oferta inicial era de $50,000, en cuyo caso se trataba de una enorme rebaja, o una oferta multimillonaria, en cuyo caso no se trataba de un gran negocio". No caiga en el error de pensar en porcentajes en vez de pensar en dinero. El punto es que él ganó $14,000 en los dos minutos que le tomó garabatear su respuesta sobre el presupuesto. Esto significa que mientras lo hacía estaba generando $420,000 de ganancias netas por hora. Eso es un buen negocio ¿no le parece?

El dinero negociado resulta en una ganancia neta. ¡Nunca generará dinero más rápidamente que cuando está negociando! Los negociadores eficaces siempre responden a una oferta con: "Tendrá que mejorar su oferta". Cuando otra persona se los aplica, ellos responden automáticamente con la recomendación de respuesta: "Exactamente ¿cuánto debo mejorarla?"

PUNTOS PARA RECORDAR

1. Conteste a una oferta o a una oferta de respuesta con la técnica del torno: "Tendrá que mejorar su oferta".

2. Si la utilizan con usted, conteste con la recomendación de respuesta: "Exactamente ¿cuanto debo mejorarla?" Esto obligará a la otra persona a ser específica.

3. Concéntrese en la cantidad de dinero que está negociando. No se distraiga con el monto bruto del trato ni piense en porcentajes.

4. El dinero negociado resulta en ganancias netas. Tenga presente el valor de su tiempo haciendo un cálculo por horas.

5. Usted nunca generará dinero más rápidamente que cuando está negociando eficazmente.

Recomendación para las etapas intermedias de la negociación tratando con una persona que no tiene autoridad para decidir

Una de las situaciones más frustrantes que se puede experimentar en la negociación es en la que uno trata de negociar con una persona que argumenta que él o ella no tiene la autoridad para tomar una decisión definitiva. A menos que detecte que se trata de una táctica de negociación uno siente que nunca llegará a hablar con el encargado de la toma de decisiones.

Cuando fui presidente de una compañía de bienes raíces en California, recibía todo el tiempo a vendedores tratándome de ofertar toda clase de cosas, incluyendo publicidad, máquinas fotocopiadoras, equipo de cómputo, etc. Yo siempre negociaba el precio más bajo con ellos utilizando todos estas recomendaciones.

Finalmente les decía: "Perfecto. Sólo necesito la autorización del consejo directivo y mañana le daré el 'sí' definitivo".

Al día siguiente les llamaba y les decía: "La gente del consejo está imposible en este momento. Yo estaba segurísimo de que los iba a convencer, pero ellos no aceptarán a menos que usted logre recortar otros dos mil dólares al precio". Por supuesto que lo hacían. No existía la necesidad de tal autorización del consejo, y jamás pensé que decir esto fuera un acto de mala fe. La gente con la que uno negocia lo considera correcto, dentro de las reglas con que uno juega el juego de la negociación.

En el futuro, cuando alguien le diga que tiene que recibir la autorización de un comité, de un director o de un departamento legal, probablemente sea mentira. Seguramente estén utilizando con usted esta táctica de negociación tan efectiva. Examinemos primero por qué es tan eficiente, y después le explicaré cómo lidiar con ella cuando la otra parte decide usarla con usted.

A la otra parte le fascina usar la "autoridad superior"

Uno pensaría que si sale a negociar algo, sería bueno tener la autoridad para tomar una decisión. A primera vista parecería que uno tiene más poder si le dice a la otra persona: "Yo tengo el poder para cerrar tratos con usted".

Uno tiene la tendencia a decir a su gerente: "Déjeme manejar esto. Deme la autoridad para cerrar el trato". El negociador eficaz sabe que eso lo pone en una situación desventajosa. Uno siempre debe tener una autoridad superior con la cual debe consultar antes de modificar una oferta o tomar una decisión. Cualquier negociador que se presente como el encargado de la toma de decisiones se pone en una grave situación de desventaja para negociar. Tendrá que dejar de lado su ego para hacer esto, pero comprobará que es muy efectivo.

La razón por la cual es tan efectivo es muy sencilla. Cuando la otra persona sabe que usted es el que tomará la decisión final, sabe que sólo tiene que convencerlo a usted. No tendrá que esforzarse demasiado en mostrarle las ventajas de su oferta si usted es la autoridad máxima. Una vez que usted consiente, sabe que el trato está cerrado. Pero esto no sucede si usted dice que tiene que consultar a una autoridad superior. Ya sea que necesite la aprobación de la oficina regional, de la oficina central, de la gerencia, de sus socios, o del consejo directivo, la otra persona tendrá que hacer más para convencerlo. Deberá hacer una oferta capaz de convencer a su autoridad superior, y sabe que debe ponerlo de su lado para que usted convenza a su autoridad de aceptar su oferta.

La "autoridad superior" funciona mejor si ésta es una entidad imprecisa, tal como un comité o un consejo directivo. Piense en esto: ¿alguna vez ha visto con sus propios ojos al comité de préstamos de un banco? Yo no. En mis seminarios los banqueros me han dicho invariablemente que para préstamos de $500,000 o menos, hay una persona en el banco que tiene la capacidad de autorizar sin necesidad de acudir a un comité de préstamos. Sin embargo, el funcionario a cargo de los préstamos sabe que si le dice: "Su solicitud está en el escritorio del gerente", usted dirá: "Bien, lléveme con el gerente y terminemos con esto", uno no puede hacer eso con una entidad imprecisa.

Si utiliza la recomendación de la autoridad superior, asegúrese de que ésta es una entidad imprecisa, tal como un comité de fijación de precios, la gente de la empresa, o el comité de mercadotecnia, Si dice a la otra persona que necesita la aprobación de su gerente, ¿qué es lo primero que el otro va a pensar? En efecto: "¿Entonces por qué estoy perdiendo mi tiempo con usted? Si su gerente es el único que puede decidir, tráigalo aquí". Cuando la autoridad superior es una entidad imprecisa, da la impresión de ser inalcanzable. En todos los años que he dicho a los vendedores que tengo que consultarlo con el consejo ejecutivo, sólo una vez me han dicho: "¿Cuándo se reúne el consejo? ¿Cuándo podría yo presentarles mi oferta?" La recomendación de la autoridad superior es muy efectivo para presionar a las personas sin provocar confrontación. Estoy seguro de que ahora entiende por qué a la otra persona le fascina usarlo con usted. Veamos las ventajas que obtiene el otro lado cuando le dice que para aceptar su propuesta necesita la autorización de un comité, de un gerente o de un jefe. Esto les permite presionarlo sin provocar confrontación. "Sería una pérdida de tiempo llevar esta oferta tan elevada al comité". Esto lo trastorna como negociador, pues es frustrante sentir que uno no puede tratar con quien realmente toma las decisiones.

Al inventar una autoridad superior de la cual deben obtener autorización primero, ellos evaden la presión de tomar una decisión por todo el tiempo que les tome reexaminar la negociación. Cuando yo era corredor de bienes raíces, enseñaba a nuestros agentes que, antes de subir a su automóvil a un cliente para mostrarle un inmueble, debían **decirle**: "Sólo para estar seguro de que entiendo, si encontramos este día la casa que se ajusta a sus necesidades, ¿hay alguna razón por la cual usted no tomaría una decisión hoy?"

El comprador podía interpretar esto como una presión para que decidiera rápido. Sin embargo, lo que en realidad se lograba era eliminar su derecho, bajo la presión del cierre del trato, a inventar una autoridad superior para diferir su decisión. Si el agente no hacía esto, con mucha frecuencia el cliente posponía su decisión diciendo: "No podemos decidir hoy, pues el tío Harry nos va a ayudar con el pago inicial, y tenemos que consultarlo con él".

Ello los prepara para usar la técnica del torno: "Tendrá que mejorar su oferta si quiere que lo apruebe el comité", y está usted en la posición de tener que poner a la otra persona de su lado si quiere que el comité lo apruebe. Pueden incluso hacerle sugerencias sin garantizar que van a ser aceptadas: "Si puede bajar otro diez por ciento, tal vez el comité lo apruebe".

La autoridad superior puede utilizarse para obligarlo a entrar a una guerra de ofertas. "El comité me ha pedido que presente cinco ofertas, y elegirán la más baja". La otra persona también puede empujar sus precios sin decirle contra qué está usted luchando: "El comité se reunirá mañana para tomar la decisión final. He oído que han recibido ofertas muy buenas, de modo que tal vez no tenga caso que traiga la suya, pero siempre existe una posibilidad si presenta una realmente especial".

Ello prepara las cosas para que pueda utilizar "el bueno y el malo": "Si dependiera de mí, con todo gusto seguiría haciendo negocios con usted, pero a los tipos del comité sólo les interesa el precio más bajo". Puede que usted esté pensando: "Roger, yo no puedo utilizar esto. Soy propietario de una pequeña empresa que fabrica muebles para jardín, y todo mundo sabe que soy el dueño. Todos saben que no hay nadie arriba de mí con quien tenga que consultar".

Por supuesto que puede utilizarlo. Yo soy también propietario de una empresa, pero hay decisiones que no tomo hasta haber consultado a las personas a las cuales he delegado esa área de responsabilidad. Si alguien me pide dar un seminario en su empresa, le digo: "Me parece bien, pero tengo que consultarlo primero con mi personal de mercadotecnia. ¿Le parece bien?" Si usted posee su propia empresa su autoridad superior es la gente a la cual ha delegado autoridad.

PUNTOS PARA RECORDAR

1. Evite que la otra persona sepa que usted tiene autoridad para decidir.

2. Su autoridad superior debe ser una entidad imprecisa, no un individuo.

3. Si usted es el dueño de su empresa, de todos modos puede utilizar este recurso. Recurra a sus subordinados.

4. Deje su ego en casa cuando vaya a negociar. No permita que la otra persona lo obligue con artimañas a admitir su autoridad. "

5. Trate que la otra persona acepte que podría admitir su oferta si ésta cubriera todas sus necesidades. Si esto no funciona, aplique las tres recomendación de respuesta: apele a su ego, hágalo que se comprometa a dar una recomendación especial ante su autoridad superior, utilice el cierre "sujeto a".

6. Si lo están forzando a tomar una decisión antes de que usted esté preparado para tomarla, dígales que está dispuesto a dar una respuesta, pero que ésta será "no", a menos que le den tiempo para consultar con su gente. Si están utilizando la autoridad escalada, regrese a su oferta inicial a cada nivel, e introduzca sus propios niveles de autoridad escalada.

RECOMENDACIÓN PARA LAS ETAPAS INTERMEDIARIAS DE LA NEGOCIACIÓN. EL VALOR MENGUANTE DE LOS SERVICIOS

Esto es algo que seguramente le va a suceder cuando esté negociando: cualquier concesión que haga perderá rápidamente su valor. El valor de un objeto que usted compre podrá aumentar a lo largo de los años, pero el valor de los servicios disminuye velozmente una vez que usted ha prestado esos servicios. El negociador eficaz sabe que siempre que uno hace una concesión a la otra parte debe pedir inmediatamente una concesión recíproca. Los favores que uno hace a la otra parte pierden su valor con rapidez. En un par de horas ese valor habrá disminuido notablemente.

Los agentes de bienes raíces están muy familiarizados con el valor menguante de los servicios. Cuando una persona tiene problemas para deshacerse de una propiedad, y el agente se ofrece a resolver el problema por honorarios de 6 por ciento del precio de venta, no suena como una enorme cantidad de dinero.

Sin embargo, en el momento en que el agente ha prestado el servicio encontrando un comprador, súbitamente ese 6 por ciento empieza a sonar como una enorme cantidad de dinero. "Seis por ciento. Eso suma $12,000", dice el propietario. "¿Por qué? ¿Qué es lo que hicieron? Todo lo que hicieron fue ponerlo en los anuncios clasificados". El agente de bienes raíces hizo mucho más que eso para comercializar la propiedad y negociar el contrato, pero recuerde el principio: el valor de un servicio disminuye rápidamente una vez que el servicio ha sido prestado.

Estoy seguro que usted ha pasado por esto, ¿o me equivoco? Una persona con la que hace negocios esporádicos lo llama. Se halla presa del pánico pues el proveedor con el que lleva a cabo la mayor parte de sus negocios le ha quedado mal con un embarque. Toda su línea de ensamblaje tendrá que detenerse mañana, a menos que usted haga un milagro y logre enviarles un embarque a primera hora. ¿Le suena familiar? De modo que trabaja día y noche, reorganiza completamente su programación de embarques y, contra todos los pronósticos, logra enviar un embarque justo a tiempo para que la línea de ensamblaje no se detenga. Incluso acude a la planta para supervisar personalmente la descarga del embarque, y el comprador lo adora por ello. Viene caminando por el muelle, donde usted se sacude triunfalmente el polvo de las manos, y le dice: "No puedo creer que hayas logrado hacer esto por mí. Ha sido un servicio increíble. Eres increíble. Te adoro. Te adoro. Te adoro".

Entonces usted dice: "Fue un placer, Joe. Este es el tipo de servicios que podemos dar cuando son necesarios. ¿No crees que es momento de que empieces a considerar a mi empresa como tu proveedor principal?".

Él contesta: "Eso suena bien, pero ahora no tengo tiempo de hablar al respecto; tengo que ir a la línea de ensamblaje y asegurarme de que todo esté funcionando correctamente. Ven a mi oficina el lunes a las diez, y lo discutiremos. En verdad aprecio lo que hiciste por mí. Te adoro. Te adoro. Te adoro". Durante todo el fin de semana usted está pensando: "¡Qué gran negocio he hecho! Ahora sí me lo debe". Llega el lunes y las negociaciones con él son tan difíciles como siempre. ¿Qué fue lo que falló? Que no tomó en cuenta el valor menguante de los servicios. El valor de un servicio disminuye rápidamente una vez que el servicio ha sido prestado.

Si usted hace una concesión durante una negociación, obtenga una concesión recíproca inmediatamente. No espere. No crea que porque ha hecho un favor, la otra persona está en deuda con usted y se lo pagará más tarde. Aun con toda la buena voluntad del mundo, el valor de lo que hizo disminuirá rápidamente para la otra persona.

Por la misma razón, los consultores saben que uno debe negociar sus honorarios antes, no después. Los plomeros saben de esto, ¿no le parece? Ellos saben que el momento para negociar con usted es antes de hacer el trabajo, no después. Una vez llevé un plomero a la casa. Después de examinar el problema, movió lentamente la cabeza y dijo: "Señor Dawson, he identificado el problema y puedo arreglarlo. Le costará $150".

¿Sabe cuánto le tomó arreglar el problema? Cinco minutos. Le dije: "Espere un minuto. ¿Me va a cobrar $150 por cinco minutos de trabajo? Yo soy un conferencista reconocido a nivel nacional, y no gano tanto dinero".

Él contestó: "Yo tampoco ganaba así... cuando era un conferencista reconocido a nivel nacional".

PUNTOS PARA RECORDAR

1. El valor de un objeto puede subir, pero el valor de un servicio siempre disminuye.
2. No haga una concesión y espere que la otra persona se lo pague más tarde.
3. Negocie su salario antes de hacer el trabajo.

RECOMENDACIÓN PARA LAS ETAPAS INTERMEDIARIAS DE LA NEGOCIACIÓN. NUNCA PROPONGA DIVIDIR LA DIFERENCIA

En este país tenemos un fuerte sentido del juego justo. Esto nos dice que si ambas partes dan por partes iguales, entonces es justo. Si Fred pone en venta su casa por $200,000, y Susan hace una oferta de $190,000, y ambos están dispuestos a cerrar el trato, los dos tienden a pensar: "Si nos ajustamos a $195,000 sería justo, pues ambos estaríamos dando lo mismo". La justicia depende de la posición con que Fred y Susan inician la negociación. Si la casa vale $190,000 y Fred quiere aprovecharse de que a Susan le encantó la casa, entonces no es justo. Si la casa vale $200,000, y Susan está dispuesta a pagarlos, pero quiere sacar ventaja de los problemas económicos de Fred, entonces no es justo.

Por lo tanto, cuando no pueda resolver un desacuerdo en el precio, no piense que dividir la diferencia es lo justo. Una vez que esta idea falsa ha sido eliminada, déjeme decirle que el negociador eficaz sabe que dividir la diferencia no significa dividirla por partes iguales. Divida la diferencia dos veces y la división se hace de 75/25 por ciento. Por otra parte, usted puede hacer que la otra parte divida la diferencia tres o más veces. Esta recomendación funciona así: lo primero que tiene que recordar es que usted no debe ofrecer dividir la diferencia, sino estimular a la otra persona para que ella lo proponga. Imagine que es un contratista del ramo de la construcción.

Ha estado trabajando para obtener un trabajo de remodelación que valúa en $86,000, y por el que le ofrecen $75,000. Ha estado negociando por un tiempo y ha logrado que los dueños de la construcción suban su oferta a $80,000, mientras que usted ha bajado a $84,000. ¿Qué debe hacer en este punto? Usted está seguro de que si propusiera dividir la diferencia, ellos aceptarían. Esto significa que cerrarían el trato a $82,000.

En vez de proponer dividir la diferencia, esto es lo que debe hacer. Debe decir: "Bueno, creo que esto no va a funcionar. Es una lástima, ya que ambos hemos dedicado mucho tiempo a trabajar en esta propuesta". (Más tarde le mostraré cómo la gente se vuelve más flexible con relación al tiempo que ha estado negociando). "Hemos negociado tanto tiempo esta propuesta, y hemos estado tan cerca de llegar a un acuerdo, que es una lástima que todo se venga abajo cuando sólo se trata de una diferencia de $4,000".

Si sigue poniendo énfasis en el tiempo que han trabajado en ello y en el monto tan pequeño de la diferencia, finalmente la otra persona dirá: "Mire, ¿por qué no dividimos la diferencia". Finja no entender bien, y diga: "¿Dividir la diferencia? ¿A qué se refiere? Yo estoy pidiendo $84,000 y usted ofrece $80,000. ¿Me está diciendo que usted subiría a $82,000? ¿Es eso lo que quiere decir?"

"Bueno, sí", dirán. "Si usted reduce su precio a $82,000, nosotros podemos ajustarnos". Al hacer esto, ha logrado modificar el ámbito de negociación de $80,000 a $84,000. En este momento el ámbito es de $82,000 a $84,000, y no ha cedido aún ni un centavo.

Entonces usted dice: "$82,000 suena mucho mejor que $80,000. Le diré algo: déjeme hablar con mis socios —o cualquier autoridad superior que haya establecido— para saber qué opinan ellos. Les diré que ustedes subieron su oferta a $82,000 y veremos si podemos llegar a un acuerdo ahora. Les llamaré mañana".

Regrese al día siguiente y dígales: "Mis socios están imposibles en este momento. Yo estaba seguro que aceptarían cerrar el trato a $82,000, pero anoche pasamos dos horas haciendo cuentas y ellos insistían en que perderíamos si aceptáramos menos de $84,000. ¡Pero caray! Hay una diferencia de sólo $2,000. No vamos a dejar que todo se vaya por la borda cuando hay una diferencia de sólo $2,000, ¿verdad?" Si usted continúa así el tiempo suficiente, ellos finalmente le propondrán dividir la diferencia otra vez.

Si es capaz de lograr que le ofrezcan dividir la diferencia otra vez esta recomendación le habrá generado $1,000 de ganancia extra. Sin embargo, aún cuando usted no haya conseguido esta segunda propuesta, y termina en los mismos $82,000, algo muy importante habrá ocurrido. ¿Qué es eso importante que ocurrió? Correcto. Ellos pensarán que han ganado, sólo porque usted logró que propusieran dividir la diferencia. Usted va con sus socios y logra que accedan a regañadientes a la propuesta de la otra parte. Si usted hubiera hecho la propuesta de dividir la diferencia, entonces ellos se hubieran sentido forzados a aceptar una propuesta suya.

Esto puede parecer algo de poca importancia, pero es muy importante en cuanto a quién siente que ha ganado y quién que ha perdido. Recuerde que la esencia de la negociación eficaz es dejar siempre a la otra persona sintiendo que ha ganado. Por lo tanto, la regla es: nunca proponga dividir la diferencia, pero estimule a la otra persona para que ella proponga dividir la diferencia.

PUNTOS PARA RECORDAR

1. No caiga en la trampa de creer que dividir la diferencia es lo justo.
2. Dividir la diferencia no significa hacerlo en partes iguales, ya que ello puede hacerse más de una vez.
3. Nunca proponga dividir la diferencia; más bien estimule a la otra persona para que ella lo proponga.
4. Al hacer que la otra persona sea la que ofrece dividir la diferencia, usted está permitiendo que ella proponga las condiciones para un acuerdo. Entonces puede aceptar a regañadientes, y hacerla sentir que ha ganado.

RECOMENDACIÓN PARA LAS ETAPAS INTERMEDIAS DE LA NEGOCIACIÓN. CÓMO MANEJAR LOS ESTANCAMIENTOS

En negociaciones prolongadas frecuentemente hallará estancamientos, inmovilizaciones y puntos muertos. Esto es lo que entiendo por estos términos:

Estancamiento: la negociación se encuentra amenazada a causa de un desacuerdo en un punto. Inmovilización: ambas partes mantienen las pláticas, pero son incapaces de alcanzar un acuerdo. Punto muerto: la ausencia de progresos ha sido tan frustrante que ninguna de las dos partes desea continuar con la negociación. Es fácil que un negociador inexperto confunda el estancamiento con el punto muerto. Por ejemplo, imagine que es un contratista, y el dueño de la construcción le dice: "Me gusta hacer tratos con usted, pero está cobrando demasiado. Tengo otras tres ofertas que están por debajo de lo que me pide".

La política de su empresa le prohíbe participar en guerras de ofertas, así que es fácil que piense que ha llegado a un punto muerto cuando sólo está estancado. Probablemente usted es dueño de una tienda minorista y un cliente le está gritando: "No quiero explicaciones. Devuélvame mi dinero o lo demandaré" sabe que el artículo funcionaría bien si el cliente le permitiera explicarle cómo utilizarlo. Sin embargo usted está tan molesto que piensa que está en un punto muerto.

Estos casos pueden parecer puntos muertos para el negociador inexperto, pero para el negociador eficaz son sólo estancamientos.

¿Alguna vez le han dicho algo de esta manera tan categórica? "Podríamos hacer el negocio con usted, pero jamás aceptaremos estas condiciones de pago. Si eso es lo que usted busca, olvídelo. Le pagaremos a 90 días como a todos nuestros proveedores. Si puede aceptar esto, hablaremos. Si no, no hay nada de que hablar". Con los israelíes tuvimos la habilidad de utilizar la recomendación de "dejar de lado". Es muy, muy efectivo. Le sorprenderá cómo puede resolver problemas que parecen insolubles en una negociación. Les dijimos: "Está bien. Entendemos perfectamente su posición con respecto al

Sinaí. Ahí se localizan sus pozos petroleros. Lo tomaron en la guerra de 1967. Pero dejemos de lado ese tema por un momento. Hablemos sobre los otros asuntos que son importantes para ustedes".

La recomendación "dejar de lado" es lo que debe usar cuando un vendedor le diga: "Podríamos estar interesados en cerrar este trato con usted, pero necesitaríamos un prototipo el día primero de mes para nuestra convención anual en Nueva Orleans. Si no puede movilizarse para esa fecha, no tiene caso que sigamos hablando".

Aunque es prácticamente imposible que logre moverse tan rápido, aún puede usar la recomendación "dejar de lado". "Entiendo perfectamente cuán importante es, pero dejemos eso de lado un segundo y tratemos los demás asuntos. Hábleme de los detalles del trabajo. ¿Requiere mano de obra sindicalizada? ¿Cuáles son las condiciones de pago?

Cuando se aplica la recomendación "dejar de lado" se resuelven primero asuntos menores con el fin de dar impulso a la negociación antes de llegar a los temas más importantes. Como le diré cuando tratemos la negociación de ganancia recíproca, no se limite a tratar un solo asunto (cuando hay un solo asunto forzosamente habrá un ganador y un perdedor).

Si se resuelven los asuntos menores, primero se crea un impulso que permite resolver los temas importantes más fácilmente. El negociador inexperto cree que debe solucionar los asuntos importantes primero. "Si no podemos coincidir en las cosas grandes como el precio y las condiciones, ¿para qué perder el tiempo hablando de las cosas secundarias?" El negociador eficaz sabe que la otra parte será mucho más flexible después de haber llegado a acuerdos en los temas menores.

PUNTOS PARA RECORDAR

1. No confunda un estancamiento con un punto muerto. Los puntos muertos auténticos son infrecuentes, de modo que tal vez sólo se trate de un estancamiento.
2. Maneje el estancamiento con la recomendación "dejar de lado": "¿Qué le parece si dejamos de lado por un momento esto y hablamos de los demás asuntos?"
3. Impulse la negociación resolviendo primero los asuntos menores, pero no la limite a un solo asunto. Para más información vea negociaciones de ganancia recíproca.

RECOMENDACIÓN PARA LAS ETAPAS INTERMEDIAS DE LA NEGOCIACIÓN. CÓMO MANEJAR LAS INMOVILIZACIONES

Una inmovilización es algo intermedio entre un estancamiento y un punto muerto. Ocurre cuando ambas partes mantienen las pláticas, pero son incapaces de llegar a un acuerdo. Estar paralizado es similar a estar "en grilletes", expresión de navegación que se usa cuando el barco se ha detenido por ir en contra del viento. Un barco no puede navegar yendo directamente contra el viento. Para navegar contra viento es necesario mantener la proa del barco en movimiento. Si titubea, puede quedarse detenido. Si pierde el impulso, después no habrá suficiente viento para que logre hacer girar la proa. Cuando un capitán está "en grilletes" debe actuar para solucionar el problema. Puede modificar la posición de las velas, izar los foques, manipular el timón o cualquier otra cosa que le permita recuperar impulso. Del mismo modo, cuando una negociación se detiene, uno debe cambiar la estrategia para recuperar el impulso. Estas son algunas de las cosas que puede hacer, aparte de modificar la cantidad de dinero involucrada:

— Cambie a las personas del equipo de negociación. Un abogado podría decir: "Tengo que estar con el juez esta tarde, de modo que Charlie tomará mi puesto". Tal vez tenga que ver al juez para jugar un partido de tenis, pero es una manera diplomática de modificar el equipo.

— Cambie el lugar de la negociación, y sugiera continuarla en la comida o la cena.

— Excluya del equipo a algún miembro que haya perturbado a la otra parte. Un negociador civilizado no se molestará cuando le pidan que tiene que salir después de haber representado el importante papel de "el malo". Es el momento de disminuir la tensión de la otra parte excluyéndolo del equipo.

— Alivie la tensión hablando sobre pasatiempos, sobre algún chisme que haya salido en televisión, o contando algún chiste.

— Considere la posibilidad de proponer cambios en el aspecto financiero: ampliar el crédito, reducir el pago inicial, o reestructurar los pagos. Cualquiera de estas cosas puede modificar la estrategia y sacarla de la paralización. Recuerde que la otra parte puede abstenerse de plantear estos temas por temor a dar la imagen de una pobre situación financiera.

— Sugiera formas de compartir los riesgos con la otra parte. Aceptar un compromiso que pueda afectarlos, después puede preocuparlos. Proponga que pasado un año aceptará la devolución del producto no utilizado y en buenas condiciones con un cargo de 20 por ciento. Tal vez una cláusula que aplique en caso de cambios en el mercado pueda disipar sus temores.

— Modifique la atmósfera de la negociación. Si ha intentado mantener una negociación de ganancia recíproca y ésta no avanza, trate de ser más competitivo. Si la negociación ha sido competitiva, cambie a la modalidad de ganancia recíproca.

— Sugiera un cambio en las especificaciones, en el embalaje o en la forma de entrega, para ver si estas modificaciones provocan que la otra parte sea más positiva.

Es posible lograr que pasen por alto cualquier diferencia de opiniones si se acuerda un método para tratar los problemas que pudieran aparecer en el futuro.

Cuando un bote está "en grilletes" el capitán puede saber exactamente cómo se manejan las velas, pero a veces tiene que intentar estrategias diferentes para ver cuál funciona. Si las negociaciones se paralizan hay que probar varias estrategias para recuperar el impulso.

PUNTOS PARA RECORDAR

1. Distinga la diferencia entre un estancamiento, una paralización y un punto puerto. En una paralización ambas partes aún quieren una solución, pero ninguna es capaz de encontrarla

2. En caso de una paralización lo que debe hacerse es cambiar la estrategia de la negociación modificando uno de sus elementos.

Recomendación para las etapas finales de la negociación. "El bueno y el malo"

"El bueno y el malo" es una de las recomendaciones más conocidas de la negociación, y constituye un medio muy efectivo para presionar a la gente sin provocar una confrontación.

Seguramente lo ha visto aplicado en las viejas películas policiacas. Los oficiales llevan al sospechoso a la estación de policía para interrogarlo, y el detective encargado de hacerlo es un tipo rudo, bravucón y de aspecto salvaje, quien amenaza al testigo diciéndole todo lo que le va a pasar si no coopera. Entonces, misteriosamente, se le requiere para contestar una llamada telefónica y aparece un segundo detective, encargado de cuidar al sospechoso mientras el otro regresa, y quien es el tipo más agradable del planeta. Se sienta y hace migas con el sospechoso. Le da un cigarrillo y dice: "Escucha, muchacho. Realmente no es tan grave. Me caes bien. Yo sé cómo se manejan las cosas aquí. ¿Por qué no me dejas ayudarte?" Constituye una gran tentación pensar que "el bueno" está del lado de uno, cuando obviamente no lo está.

Entonces "el bueno" obtendrá lo que un vendedor consideraría un acuerdo menor. "Creo que todo lo que quieren saber es dónde compraste la pistola". Lo que él quiere saber en realidad es: "¿Dónde escondiste el cadáver?"

Empezar por un acuerdo menor y a partir de ahí conseguir más es algo que funciona muy bien. Un vendedor de automóviles puede decirle: "Si decidiera invertir en un auto, ¿escogería el azul o el gris?" "¿Le gustarían las vestiduras de vinilo o de piel?" Las decisiones pequeñas llevan a las decisiones grandes. Un corredor de bienes raíces diría: "Si decidiera invertir en esta casa, ¿cómo acomodaría los muebles de la sala?" o "¿cuál sería la habitación del bebé?" Las decisiones pequeñas llevan a las decisiones grandes.

La gente utiliza "el bueno y el malo" mucho más de lo que usted cree. Ponga atención cuando esté negociando con dos o más personas. Lo más probable es que lo estén usando contra usted, de una forma u otra. Imagine que es vendedor de planes de seguros de salud para empresas, y tiene una cita con el vicepresidente de recursos humanos de una compañía fabricante de podadoras. Cuando la secretaria lo lleva con el vicepresidente, se encuentra con la sorpresa de que el gerente de la compañía quiere escuchar la presentación.

Esa es una negociación de dos contra uno (de por sí una mala idea), pero usted hace su presentación y todo parece ir de maravilla. Siente que hay buenas posibilidades de cerrar el trato hasta que el gerente aparenta disgusto. Éste comenta con el vicepresidente: "Mire, no creo que esta sea una propuesta seria, y yo tengo muchas cosas que hacer", y sale velozmente. Esto puede perturbarlo si no está acostumbrado a negociar. Entonces el vicepresidente le dice: "¡Vaya! A veces se pone así. Sin embargo a mí me gustó su presentación, y creo que podemos seguir negociando. Si pudiera ser un poco más flexible con el precio creo que podríamos llegar a un acuerdo. Déjeme ver qué puedo hacer por usted con el gerente". Si no se da cuenta de lo que ellos están haciendo, es posible que llegue a decir cosas como: "¿Cuál cree que sería el precio que aceptaría su gerente?" En ese momento el vicepresidente estaría negociando por usted, y él no está de su lado.

Si cree que estoy exagerando piense en esto: ¿cuántas veces hemos dicho a un vendedor de automóviles: "¿Qué precio cree que usted podría hacer aceptar a su gerente de ventas?", como si el vendedor estuviese de nuestro lado y no del de ellos? Al encontrar el inmueble que estábamos buscando, ¿cuántas veces hemos preguntado al agente de bienes raíces: "¿Cuánto cree que aceptaría el vendedor?" Permítame preguntarle algo: ¿para quién trabaja el agente? ¿Quién le está pagando? Usted no, ¿cierto? Está trabajando para el vendedor, y está jugando a "el bueno y el malo" con nosotros. Esté alerta, pues a uno le sucede a cada momento.

Recomendación de respuesta para "el bueno y el malo"

La primera recomendación de respuesta es identificar la recomendación. Aunque hay varias maneras de manejar el problema, ésta es tan efectiva que tal vez sea la única que necesite saber. "El bueno y el malo" es tan conocido que las personas que son sorprendidas utilizándolo se sienten avergonzadas. Cuando se dé cuenta de que una persona lo está usando contra usted, dígale con una sonrisa: "Oh, vamos. No vas a jugar conmigo a "el bueno y el malo", ¿verdad? Ven. Siéntate y arreglemos esto". Normalmente la vergüenza provocará que se replieguen.

Otra respuesta es fabricar un "malo" propio. Dígales que le encantaría hacer lo que le piden, pero que la gente de la oficina central está obsesionada con ajustarse al programa. Siempre puede fabricarse un "malo" más inflexible aún que el que haya estado presente en la negociación.

También puede acudir a los superiores de la otra persona. Por ejemplo, si está tratando con un comprador y con el jefe de compradores de una distribuidora, llame al dueño de la distribuidora y dígale: "Su gente está jugando a "el bueno y el malo" conmigo. Usted no permite esto, ¿verdad?" (Sea muy cuidadoso cuando acuda a los superiores de alguien. Podría salirle el tiro por la culata, a causa de los resentimientos que provoca).

Algunas veces el sólo dejar hablar al "malo" resuelve el problema, sobre todo si está actuando de manera especialmente odiosa.

Después de un rato su propia gente se hartará de escucharlo y le dirá que pare.

Se puede contrarrestar "el bueno y el malo" diciendo al "bueno": "Escucha. Ya sé lo que ustedes dos están tratando de hacer. A partir de este momento lo que diga él lo vaya considerar dicho por ti también". Ahora tiene a dos "malos", lo cual quita poder a la recomendación. Algunas veces el sólo identificarlos a los dos como "malos" será suficiente, sin que haya necesidad de hablar y acusarlos.

Si la otra persona aparece con un abogado o un gerente quien se ve a todas luces que viene a representar al malo, anticípese y dígale: "Estoy seguro de que viene a representar el papel de "malo", pero le propongo evitar ese método. Yo estoy tan deseoso como usted de encontrar una solución, así que ¿por qué no intentamos el método de ganancia recíproca?" Esto en verdad deja al otro sin velas para navegar.

PUNTOS PARA RECORDAR

1. La gente utiliza "el bueno y el malo" más de lo que usted cree. Esté alerta siempre que trate con dos o más personas. Es un método muy efectivo de presionar al otro sin crear confrontación. La manera de contrarrestarlo es identificándolo. Es una táctica tan conocida que cuando sorprenda a alguien usándola, éste se avergonzará y se replegará.
2. No se preocupe si la otra parte sabe lo que está haciendo. Aún así es una táctica muy poderosa. Cuando está negociando con alguien que conoce estas recomendaciones, todo es más divertido. Es como jugar ajedrez con una persona con igual capacidad en vez de con alguien a quien puede ganar fácilmente.

Recomendación para las etapas finales de la negociación. "Rascar"

El negociador eficaz sabe que usando la recomendación de "rascar" es posible obtener un poco más aun después de haber cerrado el trato. También se puede lograr que la otra persona haga cosas que había rehusado hacer antes. Los vendedores de automóviles saben de esto, ¿no le parece? Ellos saben que una vez que han logrado un trato, una especie de resistencia psicológica refuerza la compra. Primero lo llevan al punto en que usted dice: "Sí, voy a comprar el auto. Sí, lo voy a comprar aquí". Logran un trato con cualquier marca y cualquier modelo, incluso si se trata de uno austero que les reporta pocas ganancias. Entonces lo llevan a la oficina y empiezan a agregar todo el equipo adicional, que es el que les genera ganancias.

Este principio nos dice que es posible obtener algunas cosas más fácilmente "rascando" en las etapas finales de la negociación. Esto es porque el cerebro de una persona siempre trabaja para reforzar las decisiones que acaba de tomar. El negociador eficaz sabe cómo funciona esto y sabe cómo usarlo para lograr que la otra parte acepte algo que no hubiera aceptado en las etapas anteriores de la negociación. Se espera el momento de un acuerdo y entonces se regresa a "rascar".

Puede visualizar el proceso de la negociación eficaz como el empujar una pelota hacia arriba en una colina, una pelota de hule mucho más grande que usted. Usted empuja para llevarla a la cima de la colina. La cima es momento del primer acuerdo en la negociación. Una vez que ha llegado a ese punto, la pelota se desliza fácilmente hacia abajo por el otro lado de la colina. Esto es porque la gente se siente bien después del primer acuerdo. Las personas sienten alivio, la tensión desaparece, su mente trabaja para reforzar la decisión que acaba de tomar, y está más receptiva a cualquier sugerencia adicional que usted tenga. Después que la otra parte ha decidido hacerle cualquier clase de compra, es momento de hacer ese "segundo esfuerzo".

Traslademos esta idea del "segundo esfuerzo" al plano del trabajo. Si usted es vendedor debe entender que no estaría vendiendo para su compañía si no supiera jugar el juego de las ventas y si no estuviera ahí afuera haciendo todo lo que la compañía espera que haga. Sin embargo, cualquiera hace eso. La gente que vende para la competencia lo hace. La gente que solicita su puesto cada día también lo hace. La diferencia entre un buen vendedor y un gran vendedor es que el gran vendedor siempre hace un esfuerzo adicional. Aun cuando sepan que su gerente de ventas le dará palmaditas en la espalda y lo consolará diciéndole que hizo todo lo que pudo para obtener esa venta, eso no es suficiente para el vendedor estrella. Él siempre hace un esfuerzo adicional.

Tal vez usted vende máquinas para empaquetar, y está tratando de convencer a su cliente de que compre el mejor modelo de la línea, pero él se resiste a hacer ese gasto. Déjelo por un rato, pero regrese y "rasque" antes de irse. Después de llegar a un acuerdo en todos los demás asuntos, dígale: "¿Podríamos echar otro vistazo al mejor modelo? No lo recomiendo para todos, pero por el volumen que piensan manejar, y por el potencial de crecimiento que tienen, creo que es la mejor opción, y sólo significaría una inversión adicional de $500 mensuales". Es muy posible que le contesten: "Muy bien. Si usted cree que es tan importante, acepto". Regrese siempre al final de la negociación a hacer un segundo esfuerzo en algo que no pudo acordar antes.

Cuídese de la gente que "rasca"

Hay un momento en la negociación en el que se es muy vulnerable, y es en el que uno piensa que la negociación ha terminado. Le apuesto a que alguna vez ha sido víctima de alguien "rascando". Imagine que está vendiendo un automóvil o un camión. Se siente satisfecho pues finalmente encontró un comprador. La presión y las tensiones de la negociación han desaparecido. El comprador está sentado en su oficina haciendo el cheque, pero justo antes de poner su firma, voltea a verlo y le dice: "Esto incluye el tanque de gasolina lleno, ¿cierto?" Este es el momento de la negociación en que se encuentra más vulnerable, por estas razones:

— Acaba de hacer una venta y se siente bien. Cuando uno se siente bien, tiende a conceder cosas que de otra manera no hubiera concedido.

— Está pensando: "Oh, no. Creí que ya estaba todo resuelto. No quiero arriesgarme regresar al principio y empezar todo de nuevo. Si lo hago puedo perder toda la venta. Tal vez sea mejor que ceda en este pequeño punto".

Evite que la otra persona le "rasque"

Evite que le "rasquen" aplicando estas técnicas. Muestre por escrito el costo de cualquier concesión adicional. Haga una lista de prórrogas de plazos, si las acepta, pero indique cuánto les costará hacer modificaciones; haga listas con los costos de capacitación, instalación, garantías especiales, o cualquier otra cosa por la que podrían "rascar". No se dé a sí mismo la autoridad para hacer concesiones. Protéjase con la recomendación de la autoridad superior y con "el bueno y el malo". Defiéndase de esta recomendación cuando alguien quiera usarla contra usted. La recomendación de respuesta consiste en hacer sentir a la otra persona que se está rebajando. Hay que ser cuidadosos en la manera de hacer esto, pues es un punto muy delicado de la negociación. Sonría y diga: "Oh, vamos. Acaba de negociar un magnífico precio conmigo. No perdamos el tiempo, ¿le parece?" Esta es la recomendación de respuesta para cuando quieran "rascarle". Asegúrese de hacerlo con una gran sonrisa en la cara, para que no se lo tomen demasiado en serio.

Sopese estos puntos cuando vaya a negociar: ¿Existen elementos que sería mejor buscar "rascando", después de haber logrado un acuerdo inicial? ¿Tiene un plan para hacer un segundo esfuerzo en caso de no lograr un acuerdo la primera vez? ¿Está preparado para la posibilidad de que intenten "rascarle" en el último momento?

Cuando intentan "rascar" después de la negociación

Algunas veces la otra persona desearía haber "rascado" durante la negociación y decide hacerlo después, lo que provoca escenas como estas: la otra persona hace un acuerdo a 30 días y deliberadamente se toma 60 o más para pagar; paga en 30 días pero aplica 15 por ciento de descuento por pago de contado; protesta por un cargo de instalación diciendo que usted no lo trató con él; rechaza un cargo por capacitación alegando que la competencia no cobra por ella.

Es posible evitar muchas de estas molestias negociando todos los detalles desde el principio y ponerlos por escrito. No deje nada en "podemos tratar eso después". No crea que si evita un tema logrará hacer la venta más fácilmente. Utilice las recomendaciones para crear un clima en el que la otra persona sienta que ha ganado. Si ella siente que ha ganado es menos probable que "rasque", ya sea durante o después de la negociación. El negociador eficaz siempre considera la posibilidad de "rascar". El tiempo es un elemento crítico. Hay que sorprender a la otra parte cuando la tensión ha desaparecido y se sienten bien porque creen que las negociaciones han terminado.

Por otra parte cuídese de que la otra persona trate de "rascarle" al último momento, cuando usted se siente bien. En ese momento usted es muy vulnerable y es propenso a hacer una concesión que media hora después le haga pensar: "¿Por qué diablos hice eso? No tenía que hacerlo. Ya habíamos acordado todo".

PUNTOS PARA RECORDAR

1. "Rascando" en el momento justo puede obtener cosas al final de una negociación que no podría haber obtenido antes. Esto sucede así porque la mente de la otra persona da un giro después de que ha tomado una decisión. Tal vez al inicio de la negociación ha estado dándole vueltas a la idea de comprarle. Una vez que ha tomado la decisión de hacerlo, usted puede "rascar" para vender una orden más grande, un producto más reciente, o servicios adicionales.

2. El deseo de hacer un esfuerzo adicional es lo que distingue a los grandes hombres de negocios de los buenos hombres de negocios.

3. Evite que la otra persona "rasque", mostrándole por escrito el costo de cualquier característica adicional, servicio o prórroga, y no dejándole ver que usted tiene autoridad para hacer concesiones.

4. Cuando la otra persona intente "rascar", responda haciéndole sentir que se está rebajando, pero hágalo de manera ligera y natural.

5. Prevenga que la otra persona intente "rascar" después de la negociación, dejando acordados todos los detalles y poniéndolos por escrito, y utilizando las recomendación que hagan sentir a la otra persona que él o ella ha ganado.

RECOMENDACIÓN PARA LAS ETAPAS FINALES DE LA NEGOCIACIÓN. CÓMO ESTRECHAR LAS CONCESIONES

En negociaciones prolongadas de precios evite establecer un patrón en su manera de hacer concesiones. Digamos que está vendiendo un automóvil usado, y ha iniciado la negociación pidiendo $15,000, aunque está dispuesto a bajar hasta $14,000. Su ámbito de negociación es de $1,000.

La manera en que cede estos $1,000 es crítica. Estos son algunos errores que debe evitar:

Hacer concesiones de igual monto. Esto podría significar ceder los $1,000 del ámbito de negociación en cuatro partes de $250. Imagine lo que la otra persona podría pensar si hace eso. Ella no sabe qué tan lejos puede hacerlo llegar, pero sabe que cada vez que insiste obtiene otros $250, y por lo tanto seguirá insistiendo. Incluso es un error hacer dos concesiones del mismo monto. Si usted fuera el comprador del automóvil, y el dueño hiciera una concesión de $250, y al presionarlo hiciera otra concesión de $250, ¿no apostaría a que la siguiente concesión sería de $250 también?

Hacer una gran concesión final. Imagine que ha hecho una concesión de $600, seguida por otra de $400. Entonces dice a la otra persona: "Ese es nuestro límite. No puedo ceder un centavo más". El problema aquí es que $400 es una concesión demasiado grande para ser la concesión final. Si usted hizo una concesión de $600 y luego otra de $400, la otra persona pensará que puede obtener por lo menos otros $100 más. Ella le dice: "Nos estamos acercando. Si usted pudiera bajar otros $100 más, podríamos hablar". Usted se rehúsa, diciéndole que no puede bajar ni siquiera $10 más porque ya ha dado su límite. Para este momento la otra persona está muy molesta, pues está pensando: "Acaba de hacer una concesión de $400 y ahora se niega a ceder unos mugrosos $10. ¿Por qué es tan obstinado?" En resumen, evite hacer una gran concesión final, pues es fácil que provoque hostilidad.

Nunca ceda todo desde el principio. Otra variante de este patrón es ceder los $1,000 del ámbito de negociación en una sola concesión. Ahora usted está pensando: "¿Pero cómo es posible que alguien haga algo tan tonto como eso?" De hecho es muy fácil. Alguien que vio su automóvil ayer le llama y le dice: "Hemos visto tres autos que nos gustan igual, de modo que ahora sólo nos estamos concentrando en el precio. Pensamos que lo más justo es que los tres nos den su mejor precio y nosotros decidamos entonces". A menos que usted sea un negociador hábil, caerá en el pánico y reducirá su precio hasta los huesos, aun cuando nada le garantiza que no habrá otra guerra de ofertas más adelante.

Otra forma en que pueden obligarlo a ceder su ámbito de negociación desde el principio es con la treta de "no nos gusta negociar". Digamos que usted es vendedor y quiere negociar un nuevo contrato para una empresa. Con aspecto compungido el comprador de la empresa le dice: "Permítame que le explique cómo hacemos los negocios aquí. Allá en el año 1926, cuando empezó nuestra compañía, nuestro fundador dijo: 'Tratemos bien a los vendedores. No negociemos con ellos. Pídanles su mejor oferta, y díganles entonces si la aceptamos o no'. Así es como siempre se ha hecho. Déme entonces su mejor oferta, y yo le daré un 'sí' o un 'no'. Aquí no nos gusta negociar".

Ese comprador le está mintiendo. Él adora negociar. Eso es negociar: intentar hacer que la otra persona haga todas sus concesiones aun antes de que la negociación empiece. Dé una pequeña concesión para probar el terreno. Dar una pequeña concesión primero para ver qué pasa puede tentar a cualquiera. Empiece diciendo a la otra persona: "Bueno, tal vez pueda bajar otros $100 al precio, pero ya hemos llegado al límite". Si ellos lo rechazan, usted podría pensar: "Esta negociación no será tan fácil como pensé". Entonces cede otros $200. Esto no convence al comprador, de modo que la siguiente vez cede otros $300 y entonces sólo quedan $400 de su ámbito de negociación, y termina cediéndolo todo.

¿Se da cuenta de lo que sucedió? Usted empezó haciendo una pequeña concesión y fue aumentándolas cada vez. Nunca llegará a un acuerdo así, pues cada vez que le piden una concesión ellos reciben más y más, y naturalmente seguirán pidiendo.

Todas estas acciones son equivocadas porque crean un patrón de expectativas en la mente de la otra persona. La mejor manera de hacer concesiones es ofrecer primero una concesión razonable que pueda asegurar el trato. Tal vez una de $400 no estaría mal. Asegúrese entonces de que si tiene que hacer más concesiones, éstas sean cada vez más pequeñas. La siguiente podría ser de $300, luego de $200, y luego de $100. Cuando va reduciendo el monto de las concesiones que hace, da a entender a la otra persona que ella lo ha llevado hasta donde era posible hacerlo.

Al estrechar sus concesiones, usted comunica subliminalmente a la otra persona que ella no va a obtener más de lo que usted está ofreciendo. Si embargo, el negociador eficaz sabe obtener más. Él sabe cómo retirar una concesión que había hecho antes a la otra parte.

PUNTOS PARA RECORDAR

1. La manera en que hace sus concesiones puede crear un patrón de expectativas en la mente de la otra persona.
2. No haga concesiones de igual monto, pues la otra persona seguirá insistiendo.
3. No haga una gran concesión final, pues puede provocar hostilidad.
4. Nunca ceda su ámbito de negociación por completo sólo porque la otra persona pide su "última palabra", o porque alega que "no le gusta negociar".
5. Estreche sus concesiones para dejar claro que la otra persona ha logrado el mejor trato que era posible.

RECOMENDACIÓN PARA LAS ETAPAS FINALES DE LA NEGOCIACIÓN. EL RETIRO DE CONCESIONES

En este capítulo le enseñaré a concluir las negociaciones de manera efectiva. No es necesario que aplique esto cuando la otra persona está negociando de buena fe. Se utiliza sólo cuando siente que la otra parte lo está exprimiendo para sacarle hasta el último centavo, o cuando la otra persona está pensando: "¿Cuánto estaría ganando por hora si dedicara un rato más a negociar con esta persona?"

Digamos que un grupo de amigos se puso de acuerdo para comprar en la montaña una cabaña donde pasar las vacaciones. Son varios los dueños y se van alternando el uso de la cabaña. Uno de los socios renuncia y el vecino viene a platicarle sobre la cabaña. Su primera reacción es: "Esto es fantástico. Me encantaría". Sin embargo usted es lo bastante inteligente como para utilizar la recomendación del "comprador renuente".

Entonces dice: "Gracias por comentármelo, pero no creo que estemos interesados en este momento. Estoy muy ocupado y no creo tener tiempo para usarla. Pero mire, sólo para corresponderle, cuál sería su mejor oferta?"

Sin embargo su vecino ha estado estudiando también cómo negociar, y ha aprendido que uno nunca debe ser el primero en proponer una cantidad, de modo que le dice: "Tenemos un comité que determina el precio, y no tengo idea de cuál sería éste. Puedo llevarles su propuesta, pero no sé cómo van a reaccionar".

Cuando usted presiona un poco más, él dice finalmente: "Estoy seguro que pedirán $10,000". Esto es mucho menos de lo que usted esperaba. Estaba dispuesto a pagar $15,000, por lo que su primera reacción es aceptar en el acto. Sin embargo, es lo suficientemente listo para recordar que debe estremecerse. Usted exclama: "¡$10,000! Oh, no. Nunca podría pagar esa cantidad. Es demasiado. Mire, yo podría pagar $8,000. Si ellos aceptan $8,000, avíseme y hablaremos de ello".

Al día siguiente el vecino regresa decidido a ponerlo detrás de la raya con la recomendación del "retiro de concesiones", y le dice: "Estoy muy apenado. Sé que ayer hablábamos de $10,000, pero el comité determinó que no vendería una acción por menos de $12,000".

Esto resulta psicológicamente devastador por dos razones:

— Porque cree que usted mismo ha provocado el problema: "Demonios, quisiera no haberme topado con ese Roger Dawson y su negociación eficaz. Si no fuera por ello, ya hubiera cerrado el trato ayer en $10,000".

— Porque ha cometido el error de comentarlo con su familia. Todos están muy emocionados con la casa de la montaña, y ha pasado por alto ese punto crítico de la negociación en el que todavía puede renunciar.

Dice: "¿De qué estás hablando? Ayer dijiste $10,000, hoy $12,000. ¿Mañana dirás $14,000? ¿De qué se trata?" Él dice: "Me siento muy apenado, pero es lo que ellos (autoridad superior) decidieron".

Usted dice: "Vamos, Joe".

Entonces él contesta: "Realmente me siento avergonzado, pero te diré algo. Déjame regresar con ellos a ver qué puedo hacer por ti". (Ese es "el bueno y el malo" ¿no?). "Si logro que bajen a $10,000 ¿estarías interesado?"

Y usted contesta: "Claro que estoy interesado. Lo quiero". Él ha vendido al precio que quería y usted no se dio cuenta de lo que le hicieron sino hasta que fue demasiado tarde.

Retirar una concesión es un riesgo, pero precipitará una decisión, ya sea cerrar el trato o romperlo. Cuando alguien le aplique esta recomendación no tema contrarrestarlo exigiendo que la otra parte resuelva primero sus problemas internos para poder reanudar la negociación.

PUNTOS PARA RECORDAR

1. El retiro de una concesión constituye un riesgo; úselo sólo cuando la otra persona intenta exprimirlo. Puede hacerlo retirando su última oferta de precio, o bien eliminando algún elemento de la oferta, como flete, instalación, capacitación o prórrogas.
2. Para evitar una confrontación directa invente un "malo" que sea una autoridad superior imprecisa. Muéstrese como cómplice de la otra persona.

RECOMENDACIÓN PARA LAS ETAPAS FINALES DE LA NEGOCIACIÓN. POSICIONAR PARA LA ACEPTACIÓN ESPONTÁNEA

Esta recomendación es importante si está tratando con personas que han estudiado cómo negociar. Si ellos se enorgullecen de su habilidad para negociar, es posible estar ridículamente cerca de llegar a un acuerdo y aún así perderlo todo. Cuando esto sucede, es posible que el problema no tenga que ver con el precio o con los plazos, sino con el ego de la otra persona.

Imagine que es vendedor de artículos publicitarios, tales como reglas con el nombre de la compañía impreso, o gorras y playeras con estampados a pedido. Ha hecho una cita con el gerente de una tienda de electrodomésticos. Lo que probablemente no sabe es que momentos antes de que usted llegara a la oficina, el gerente había dicho al dueño de la tienda: "Observa como hago negocios con este vendedor. Conozco mi trabajo y lograré una buena oferta".

El gerente no se ha desempeñado tan bien como él esperaba y se muestra renuente a aceptar su propuesta, pues no quiere sentir que usted le ha ganado. Esto puede ocurrir aun cuando la otra persona sepa que su propuesta es justa y satisface todas sus necesidades. Cuando esto ocurre, debe encontrar una manera de hacer sentir a la otra persona bien por aceptar una propuesta de usted. Debe posicionarla para la aceptación espontánea. El negociador eficaz sabe que la mejor forma de hacer esto es haciendo una pequeña concesión en el último momento. El tamaño de la concesión puede ser risiblemente pequeño, pero aun así puede funcionar porque lo que importa no es el tamaño de la concesión, sino el momento en que se hace.

Usted puede decir: "No podemos bajar ni un centavo más, pero le diré algo. Si decide aceptar esta oferta, yo me comprometo a supervisar personalmente la instalación, sólo para asegurarnos que todo marche sobre ruedas". Tal vez pensaba hacer eso de todos modos, pero el punto es que ha sido lo bastante amable para posicionar a la otra persona a decir: "Muy bien. Si puede hacer eso por mí, adelante". Entonces él no siente que ha perdido. Siente que ha logrado obtener algo gracias a la negociación. El posicionar para la aceptación espontánea es otra de las razones por las cuales uno nunca debe presentar su mejor oferta al principio. Si ya ha hecho todas sus concesiones antes de llegar al final de la negociación, no le restará nada para posicionar a la otra parte.

Estas son otras concesiones que puede utilizar para posicionar a la otra persona:

— Si está vendiendo un velero, ofrezca al comprador enseñarle cómo navegarlo.

— Ofrezca mantener este precio 90 días por si el cliente decide duplicar su orden.

— Ofrezca un plazo de 45 días en vez de uno de 30 días.

— Recuerde que lo que cuenta es el momento de la concesión, no el tamaño de la misma. Ésta puede ser risiblemente pequeña y aún así ser efectiva. Cuando el negociador eficaz usa esta recomendación logra que la otra persona se sienta bien de aceptar la propuesta que le hacen.

— Nunca, jamás, se regodee. Nunca, cuando haya terminado una negociación, diga: "¿Sabes, Harry? Si hubieras presionado un poco más yo hubiera cedido esto y aquello". Si hace esto, Harry va a decir cosas poco amables de la madre de usted.

Sé que en una negociación normal nadie es tan tonto de regodearse frente a la otra persona cuando piensa que le ha sacado provecho. Sin embargo, este puede ser un problema cuando negocia con personas a las que conoce bien. Tal vez sea alguien con quien ha jugado al golf por años. Ambos saben que están jugando el juego de la negociación y ambos se están divirtiendo. Finalmente él le dice: "Bien. Ya todo está acordado y no vamos a dar marcha atrás, pero sólo por saber, ¿cuál era tu verdadero límite?" Sé que está tentado a fanfarronear un poco, pero no lo haga. Lo recordaría los próximos 20 años.

Cuando haya terminado una negociación, felicite a la otra persona. No importa si piensa que su desempeño fue mediocre, felicítela de todos modos. Diga: "Ha hecho un excelente trabajo negociando conmigo. Me doy cuenta de que no logré lo que hubiera querido, pero francamente valió la pena, porque aprendí mucho acerca de cómo negociar. Estuvo fantástico". No olvide que debe hacer sentir a la otra persona que él o ella ha ganado.

PUNTOS PARA RECORDAR

1. Si la otra persona se enorgullece de su capacidad para negociar, su necesidad de triunfo puede obstaculizar el llegar a un acuerdo.
2. Haga que la otra persona se sienta bien de aceptar una proposición, haciendo una pequeña concesión de último momento.
3. Ya que el momento de esta concesión es más importante que su tamaño, la concesión puede ser risiblemente pequeña y aún así ser efectiva.
4. Felicite siempre a la otra persona cuando la negociación haya terminado.

Recomendaciones "no éticas" de la negociación

A continuación le mostraré las recomendaciones "no éticas" que la gente puede utilizar para hacerlo suavizar su posición en una negociación. A menos que esté tan familiarizado con ellas que las identifique rápidamente, es posible que se encuentre haciendo concesiones innecesarias para hacer que la otra persona acepte su propuesta. Muchos vendedores tienen que soportar bochornosas conversaciones con sus gerentes, los cuales no se explican por qué el vendedor hizo alguna concesión. El vendedor sostiene que hacerlo era la única manera de cerrar el trato. La verdad es que el comprador fue más hábil enredando al vendedor con estas recomendaciones "no éticas".

No hay razón para enojarse con la persona que utiliza estas recomendaciones "no éticas". El negociador eficaz sabe que debe concentrarse en la negociación y pensar en ésta como en un juego. A menos que la otra persona sea tan pura como la madre Teresa, él o ella está simplemente haciendo lo que vino a hacer a este mundo, es decir, buscar el trato más conveniente. Usted debe ser lo suficientemente hábil para reconocer al instante estas recomendaciones "no éticas" y contrarrestarlas con soltura.

Recomendaciones "no éticas". El señuelo

La persona con la que negocia puede aplicar la recomendación del señuelo para distraerlo del punto crucial de la negociación. Imagine que quiere vender partes sobre pedido a un fabricante de bulldozers de Houston. Usted ha tocado a sus puertas durante dos años, pero ellos no han mostrado interés en cambiar su proveedor actual. Sin embargo, parece que hoy su persistencia será recompensada. El comprador le ofrece hacer un gran pedido con la condición de que entregue la mercancía en un plazo de 90 días. Tanto él como usted saben que el proceso de diseño, ingeniería y fabricación de partes sobre pedido toma normalmente 120 días. La idea de lograr esa venta lo emociona, pero se da cuenta de que entregar en 90 días es prácticamente imposible.

Cuando consulta con su gente en la planta, ellos le confirman que aun un plazo de 120 días implicaría meterse en un apuro, y que el cargo por ingeniería de piezas sobre pedido sería de $22,000. Por más que lucha con su gente para programar un tiempo de producción, es imposible convencerlos. No hay más opciones que entregar en 120 días o bien olvidarse del negocio.

Regresa entonces a ofrecer su nueva propuesta: $230,000 por las piezas, más $22,000 por ingeniería de piezas sobre pedido, y entrega en 120 días en su propia planta en Toledo, esto es, sin servicio de flete.

El comprador insiste en que necesita recibir la mercancía en 90 días para completar un gran embarque que su compañía debe entregar en Buenos Aires. Da la impresión de que en la negociación hay dos personas tratando desesperadamente de encontrar una solución, pero nada de lo que proponen parece solucionar el problema. La negociación parece paralizada.

Finalmente el comprador dice: "Tal vez hay algo que podamos hacer. Permítame consultar con la gente de envíos. Regreso enseguida". Lo deja en la oficina por 15 minutos. Su mente está hundida en la confusión, pensando en la comisión que perderá en caso de no cerrar este trato. Para cuando el comprador regresa, usted está en un estado de gran tensión.

El comprador muestra un rostro de preocupación y dice: "Creo que hay una manera de hacerlo, pero necesito de su ayuda. La persona de envíos me dice que sí podemos mandar las partes a Argentina, pero tendríamos que hacer algunos gastos en la aduana. Para hacer esto necesito que elimine los cargos de ingeniería, y que envíe las partes a nuestra planta en Houston a su cargo".

A menos que sea muy cauteloso, el deseo de solucionar el problema puede hacer que ceda los $22,000 del cargo de ingeniería y que acepte pagar una cuota de $6,000 por envío aéreo. Y puede que pasen meses antes que se dé cuenta de que el comprador utilizó la recomendación del "señuelo" con usted. Seis meses después, se encuentra en una cafetería de Dallas charlando con un amigo quien vende hojas de metal a la compañía de bulldozers. El pregunta cómo logró entrar en negocios con ella, y usted le cuenta la historia.

El amigo le dice: "No puedo creer lo que el comprador te dijo. Sencillamente no lo creo. Ellos son la planta manufacturera mejor organizada en este negocio, y todo lo trabajan con al menos seis meses de anticipación. Bajo ninguna circunstancia estarían pidiendo partes con una urgencia de 90 días". Sólo entonces se da cuenta de que la fecha del envío no era el punto crucial de la negociación. Ellos podían haber aceptado los 120 días. La fecha de entrega era sólo el señuelo. El comprador inventó el asunto del envío acelerado sencillamente para negociar con él el punto crucial: eliminar los cargos de ingeniería y el flete.

Cuídese de personas que traten de distraerlo del punto crucial con la recomendación del "señuelo". Manténgase concentrado y aísle la objeción. "¿Es eso lo único que le molesta?" Entonces recurra a la autoridad superior y a "el bueno y el malo": "Pongámoslo por escrito y lo llevaré a mi gente para ver qué puedo hacer por usted". Luego déle la vuelta diciendo: "Podemos acelerar la entrega, pero aumentará los cargos de ingeniería sobre pedido".

PRINCIPIOS DE LA NEGOCIACIÓN. HAGA QUE LA OTRA PARTE OFREZCA PRIMERO

Los negociadores eficaces saben que lo mejor es lograr que la otra parte haga su oferta primero. Hay algunas razones obvias:

—Su primera oferta puede ser mejor de lo que usted esperaba.

—Usted obtiene información sobre ellos antes de decir cualquier cosa.

—Le permite nivelar su oferta. Si ellos proponen un precio primero, usted podrá nivelarlo, de modo que si terminan dividiendo la diferencia, usted obtendrá lo que quiere. Si ellos logran que usted proponga primero, podrán nivelar su propuesta, y si terminan dividiendo la diferencia, ellos obtendrán lo que quieren.

Puede que esto no convenza a un negociador neófito. Imagine que un vecino suyo tiene una lancha de motor estacionada frente a su casa. Ha vivido ahí 5 años, y usted no recuerda ni una sola vez que haya llevado el bote al lago. Si pudiera obtener un buen precio podría considerar comprarlo. Preguntarle cuánto quiere por el bote parecería una mala idea. ¿Qué tal que él ve la oportunidad de sacar provecho, y deliberadamente infla el precio? Digamos que un precio justo sería $10,000, pero usted tiene la esperanza de conseguirlo en $5,000.

Cuando le pregunta, él intenta sacar provecho y le dice: "Este bote está como nuevo. Por 5 años no le he quitado siquiera la cubierta. No lo vendería en menos de $15,000". Usted puede alegar que al dejarlo ofrecer primero amplió el ámbito de negociación, y le dificultó lograr su objetivo. Incluso es imposible nivelar ese precio. Si él quiere $15,000 y usted está dispuesto a pagar sólo $5,000, para nivelar correctamente tendría que pedirle que él le pagara $5,000 por llevarse el bote. Pareciera un error haberlo hecho ofrecer primero, pero no olvide que pueden hacerse muchas cosas para hacerlo modificar esa oferta inicial sin tener que ofrecer primero. Puede utilizar alguna de estas técnicas:

Aduzca pobreza: "Mike, no creo poder comprarte el bote, pero como noté que nunca lo usas, pensé que querrías vendérmelo a precio de remate".

Aplique la presión de una autoridad superior: "Mike, mi esposa me va a matar por preguntarte esto, pero..."

Utilice la fuerza de la competencia: "Mike, he estado viendo un bote similar al tuyo a un precio que parece una ganga, pero antes de comprarlo pensé en preguntarte cuánto quieres por el tuyo". Con estas técnicas es posible cambiar las aspiraciones de Mike sin hacer ninguna propuesta. Mientras menos sepa acerca de la otra parte, o de las propuestas que está negociando, más importante es el principio de no proponer primero.

Si ambas partes han aprendido que no deben proponer primero, uno no puede sentarse ahí para siempre con ambas partes rehusándose a poner una cifra sobre la mesa, pero como regla, siempre debe descubrirse primero lo que la otra parte quiere.

Lewis Kravitz, un asesor ejecutivo y antiguo consejero de colocaciones, recomienda tener paciencia y saber cuándo no hablar. Cuenta de un joven, quien había sido despedido recientemente, al cual asesoró, y quien le dijo que quería elevar su salario de $2,000 a $28,000 en su siguiente empleo. Kravitz le aconsejó dejar al eventual empleador hacer el primer movimiento. En este caso, el entrevistador ofreció $32,000, dejando al aspirante momentáneamente sin habla, lo cual fue interpretado por el entrevistador como descontento. Entonces aumentó la oferta a $34,000. Kravitz nos dice: "En la negociación, aquel que habla primero generalmente se lleva la peor parte".

Principios de la negociación. Hacerse el tonto es lo más inteligente

Para el negociador eficaz, hacerse el inteligente es tonto, y hacerse el tonto es inteligente. Cuando se está negociando, es mejor actuar como si uno supiera menos que los otros, no más. Mientras más tonto se haga uno, mejor, siempre y cuando su C.I. no se hunda hasta el punto en que pierda toda credibilidad.

Hay una buena razón para esto. Con algunas raras excepciones, los seres humanos tienden a ayudar a la gente que parece menos inteligente o menos informada, antes que a tomar ventaja sobre ellos. Por supuesto que existen personas despiadadas que intentarán aprovecharse del débil, pero la mayoría compite con quien considera más brillante, y ayuda al que considera menos brillante. Por lo tanto, la razón para hacerse el tonto es que minimiza el espíritu competitivo de la otra parte. ¿Cómo podría combatirse con una persona que le pide ayuda para negociar con usted? ¿Cómo podría entrar en un intercambio competitivo con una persona que le dice: "No sé, ¿usted qué piensa?" La mayoría de las personas en esta situación sienten lástima por la otra persona y se quitan de su camino para ayudarla.

¿Recuerda el programa de televisión *Columbo*? Peter Falk interpretaba a un detective que andaba como atontado, con una vieja gabardina y masticando una colilla. Siempre tenía una expresión que hacía pensar que había perdido algo, y que no podía recordar qué, no digamos dónde. De hecho, su éxito puede atribuirse directamente a lo inteligente que era, haciéndose el tonto. Su comportamiento resultaba tan encantador que los asesinos se le acercaban para que resolviera sus casos, pues lo encontraban muy desvalido. Los negociadores que dejan que sus egos los controlen y se presentan como negociadores sofisticados se ven obligados a asumir roles que se vuelven contra ellos durante la negociación. Entre estos se encuentran:

— Alguien que toma decisiones rápidamente y no necesita tiempo para pensar las cosas.

— Alguien que no tiene que consultar con alguien antes de aceptar.

— Alguien que no tiene que consultar con expertos antes de comprometerse.

— Alguien que no se rebajaría a pedir una concesión.

— Alguien cuyas decisiones nunca serían contradichas por un supervisor.

— Alguien que no necesita llevar un registro del progreso de la negociación y consultarlo frecuentemente.

El negociador eficaz que entiende la importancia de hacerse el tonto conserva estas posibilidades: pedir tiempo para pensarlo, de modo que puede valorar los peligros de aceptar o las ventajas que puede traer el hacer demandas adicionales, posponer una decisión mientras consulta a un comité o a una junta directiva, pedir tiempo para que los expertos legales o técnicos revisen la propuesta, pedir concesiones adicionales. Utilizar "el bueno y el malo" para presionar a la otra parte sin crear confrontación, tomarse tiempo para pensar considerando las anotaciones de la historia de la negociación.

Hágase el tonto pidiendo la definición de una palabra. Si la otra parte me dice: "Roger, hay algunas ambigüedades en este contrato", y respondo: "Ambigüedades... ambigüedades... He escuchado esa palabra antes, pero no estoy seguro de lo que significa. ¿Me podría explicar?" O puedo decir: "¿Le molestaría hacer ese cálculo una vez más? Sé que ya lo ha hecho dos veces, pero por alguna razón no acabo de entenderlo.

¿Le molestaría?" Esto hace que piensen: "¡Pero que zopenco me tocó hoy!". De este modo me deshago del espíritu competitivo que me pudiera haber complicado llegar a un acuerdo. A partir de ese momento la otra parte deja de luchar contra mí y empieza a ayudarme.

Sea cuidadoso de no hacerse el tonto en su área de competencia. Si usted es cardiólogo, no diga: "No estoy seguro si necesita un bypass triple o si uno doble será suficiente". Si es un arquitecto, no diga: "No sé si este edificio pueda mantenerse en pie". Las negociaciones de ganancia recíproca dependen de la voluntad de ambas partes, de ser empáticas con la posición del otro. Eso no va a ocurrir si ambas están compitiendo. Los negociadores saben que hacerse el tonto desarma ese espíritu competitivo y abre la puerta a las soluciones de ganancia recíproca.

Principios de la negociación. No deje que la otra parte redacte el contrato

En una negociación típica, los detalles se convienen verbalmente y después se ponen por escrito para que ambas partes los revisen y los aprueben. Yo nunca me he encontrado en una situación en la que todos los detalles hayan sido tratados en la negociación verbal. Invariablemente hay puntos que se pasan por alto y que deben detallarse al momento de redactar.

Entonces necesitamos que la otra parte apruebe o negocie estos puntos cuando nos sentamos a firmar el acuerdo escrito. En ese momento la parte que redacta el contrato tiene una gran ventaja sobre la otra. Lo más probable es que la persona que escribe el contrato piense en al menos media docena de cosas que no surgieron durante la negociación verbal. Esta persona puede escribir la aclaración de ese punto para su ventaja, obligando a la otra persona a negociar un cambio en el acuerdo cuando se le pida firmarlo.

No deje que la otra persona redacte el contrato, pues ello lo pone a usted en desventaja. Esto aplica tanto a breves contrapropuestas como a acuerdos de cientos de páginas. Por ejemplo, un agente de bienes raíces puede presentar una oferta a los vendedores de un edificio de apartamentos. El vendedor acepta los términos generales de la oferta, pero quiere que el precio sea $5,000 más alto. En ese punto, ya sea el agente que representa al vendedor o el que representa al comprador, puede sacar una contrapropuesta de su portafolios. Pueden redactar una breve contraoferta que deberá firmar el vendedor, y que el agente presentará a su comprador para que la apruebe. Ésta no tiene que ser muy elaborada, basta con algo como: "oferta aceptada, excepto que el precio será de $598,000".

Sin embargo, si el agente del vendedor es el que redacta la contra-oferta, él puede pensar en algunas cosas que beneficiarían a su vendedor. Puede que escriba: "Oferta aceptada, excepto que el precio será de $598,000. Los $5,000 adicionales serán depositados en un fideicomiso al momento de la aceptación. La contraoferta deberá ser aceptada en un plazo de 24 horas".

Si el agente del comprador redactara la contraoferta, podría escribir: "Oferta aceptada, excepto que el precio será de $598,000. Los $5,000 adicionales serán agregados a la nota que porta el vendedor".

Estas adiciones probablemente no sean tan significativas como para ser cuestionadas por un vendedor o un comprador ansioso de cerrar el trato. Sin embargo, benefician sustancialmente a la parte que escribe la contraoferta. Si la persona que escribe una contraoferta de un párrafo, puede modificar la oferta de esta manera, imagine lo que puede hacer con un contrato de varias páginas.

Si usted va a escribir el contrato, es una buena idea tomar notas a lo largo de toda la negociación, y poner una marca al margen en cada uno de los puntos que formarán parte del acuerdo final. Esto sirve para dos cosas: 1) Le recuerda incluir todo lo que usted quería. 2) Cuando escribe el contrato puede mostrarse renuente a incluir un punto porque no recuerda si quedó acordado. Sus notas le darán la confianza de incluirlo incluso si lo no recuerda claramente.

Si ha estado negociando en equipo, asegúrese de que todos los miembros revisen el contrato antes de presentarlo a la otra parte. Puede que haya pasado por alto un punto que debió incluir, o que haya interpretado erróneamente otro. Es común que el entusiasmo del vendedor sea tal, que piense que la otra parte ha acordado algo que es menos que claro para un observador imparcial.

Es mejor que usted dedique su energía a negociar el acuerdo.

Si usted ha elaborado un acuerdo que piensa que la otra parte se mostrará renuente en firmar, es bueno incluir la frase: "Sujeto a la aprobación de su abogado", para alentarla a que firme.

Una vez que las negociaciones verbales han terminado, obtenga un memorándum de acuerdo firmado tan pronto como sea posible. Mientras más tiempo les dé antes de que vean algo por escrito, más posibilidades hay de que olviden lo que acordaron, y de que pongan en duda lo que usted ha elaborado.

Asegúrese también de que ellos entienden el acuerdo. Evite hacerlos firmar algo cuando sabe que no están completamente conscientes de las consecuencias. Si ellos no entienden y algo sale mal siempre lo culparán a usted, y jamás aceptarán la responsabilidad.

Encuentro útil escribir el acuerdo que deseo antes de iniciar las negociaciones. No lo muestro a la otra parte, pero me parece útil compararlo con el acuerdo al que finalmente llegamos, y así sé qué tan bien lo hice. Algunas veces es fácil dejarse llevar porque la otra parte hace concesiones que usted no esperaba. Entonces el entusiasmo lo lleva a aceptar lo que cree que es un trato fantástico. Tal vez sea uno bueno, pero a menos que haya establecido lo que quería desde el principio, puede que no sea lo que esperaba.

PRINCIPIOS DE LA NEGOCIACIÓN. SIEMPRE LEA EL CONTRATO

En esta era de contratos escritos por computadora, es una pena que haya que leer un contrato de principio a fin cada vez que éste llega a su escritorio. En los viejos tiempos, cuando los contratos se escribían a máquina, ambas partes los leían y agregaban sus modificaciones, y cada uno firmaba aprobando esos cambios. Entonces era posible dar un vistazo al contrato y rápidamente localizar cualquier cambio propuesto o acordado. Ahora, con los contratos escritos por computadora, lo más probable es que vayamos a la computadora, hagamos el cambio, e imprimamos un nuevo contrato.

He aquí el peligro. Puede que se haya rehusado a firmar una cláusula de un contrato. La otra parte acepta modificarla, y le dice que se lo enviarán corregido para que lo firme. Cuando éste llega a su escritorio, usted se encuentra ocupado, así que lo revisa rápidamente para ver si hicieron el cambio que pidió, va a la última página y firma. Por desgracia, ya que no se tomó el tiempo para leerlo de principio a fin, no se dio cuenta de que también modificaron otras cosas. Tal vez fue algo descarado como cambiar "Entrega en fábrica" por "Entrega en obra". O tal vez fue un cambio menor de redacción que usted no descubre hasta varios años después, cuando algo se complica y necesita el contrato para respaldar una demanda. Para entonces puede que no recuerde qué fue lo que acordó, y sólo puede asumir que ya que lo firmó, debió haber estado de acuerdo.

Algunos contratos pueden constar de docenas de páginas. He aquí algunos consejos para hacer esto más fácil:

—Observe ambos contratos superpuestos a contraluz, para ver si coinciden.

—Escanee el contrato nuevo y utilice su procesador de textos para comparar los dos.

—Utilice un procesador de texto como Microsoft Word, que localiza cada modificación. Usted puede imprimir la versión final, pero puede ver en todo momento las modificaciones que se han hecho. Esto es especialmente valioso si trabaja en negociaciones prolongadas en las que el contrato va y viene en disco o por correo electrónico.

Sí, estoy de acuerdo con usted. Con esto tiene un gran caso para una demanda si la otra parte lo defrauda. Pero, ¿para qué exponerse a este tipo de problemas? En esta era de contratos escritos por computadora, usted debe leer el contrato de principio a fin, cada vez que éste llega a su escritorio para que lo firme.

Principios de la negociación. La gente cree lo que ve por escrito

La palabra impresa tiene un gran poder sobre las personas. La mayoría de la gente cree lo que ve por escrito, incluso cosas que no creería si sólo las escuchara. Hace unos años la gente de *Cámara escondida* hizo una broma para probar esto. Puede que recuerde haberla visto en la televisión. Pusieron un letrero en un camino junto a un campo de golf en Delaware, que decía: "Delaware cerrado". Allen Funt se encontraba parado junto al letrero portando un traje alquilado de soldado. No se le permitía hablar a la gente que se acercaba, sólo señalar el letrero. Lo que ocurrió me sorprendió. La gente se quedaba paralizada, y decía cosas como: "¿Cuánto tiempo permanecerá cerrado? Mi esposa e hijos están ahí".

La gente cree lo que ve por escrito. Esa es la razón por la cual soy un gran entusiasta de las carpetas de presentación. Usted se sienta con alguien y abre su carpeta de presentación que dice: "Mi compañía es el mayor fabricante de componentes de mundo".

Da vuelta a la página y se lee: "Nuestros trabajadores son los más capacitados en el negocio". Pasa otra página y empieza a mostrar cartas de recomendación de todos sus empleos anteriores. Ellos lo encontrarán creíble aun cuando sepan que usted viene apenas de la imprenta.

Siempre ponga las cosas por escrito. Por ejemplo, si tiene un equipo de vendedores y tiene que efectuar un cambio de precio, asegúrese de que ellos lo tengan por escrito. Porque hay una gran diferencia entre decir a un cliente potencial: "Vamos a tener un aumento de precio a principios del próximo mes, así que debería hacer su pedido hoy", y decir: "Mire esta carta que me acaba de dar mi jefe. Habrá un incremento en el precio el primero de julio". Siempre muestre las cosas por escrito. Si está negociando por teléfono, respalde lo que dice mandando por fax la información.

¿Cuál es la conclusión? Ya que la gente no pone en duda lo que ve por escrito, presente siempre un respaldo escrito que refuerce su propuesta. Si la negociación implica que la otra parte debe cumplir con ciertos requerimientos es útil confirmar esos requerimientos por escrito.

PRINCIPIOS DE LA NEGOCIACIÓN. CONCÉNTRESE EN LA NEGOCIACIÓN

El negociador eficaz sabe que debe concentrarse en la negociación y no distraerse con los movimientos de los otros negociadores. ¿Ha visto alguna vez en la televisión a alguna estrella temperamental como John McEnroe dando brincos de un lado a otro en el extremo de la cancha? Tal vez usted se pregunte: "¿Cómo es posible que alguien juegue al tenis con uno como él? Es un juego de concentración. No me parece limpio".

La respuesta es que los buenos tenistas saben que sólo hay una cosa que influye en el resultado del juego: el movimiento de la pelota sobre la red. Lo que el otro jugador haga no afecta en absoluto este resultado, siempre que sepa qué está haciendo la pelota. De este modo los jugadores de tenis aprenden a concentrarse en la pelota y no en la otra persona.

Cuando se está negociando, la pelota representa las concesiones que se hacen sobre la mesa de negociaciones. Esto es lo único que afecta el resultado del juego. Pero es muy fácil sentirse confundido por lo que la otra persona hace, ¿no lo cree?

¿Puede imaginar al presidente preguntándole a un negociador de armamentos que llega a la Casa Blanca: "¿Qué hace usted aquí? Pensé que estaba en Ginebra negociando con los rusos".

"Bueno, sí, señor presidente, pero esos tipos son muy injustos. No se puede confiar en ellos, y jamás cumplen sus promesas. Me enojé tanto que sencillamente me largué". Los negociadores eficaces no hacen esto. Ellos se concentran en la negociación, no en las personalidades. Piense siempre: "¿Dónde estoy ahora con respecto a hace una hora, al día de ayer, o a la semana pasada?"

En esta sección aprenderá la diferencia entre mediación y arbitraje. Aprenderá cómo preparar y llevar a cabo cualquiera de los dos. Finalmente aprenderá el arte de la resolución de conflictos. ¿Cómo es que la gente que negocia con secuestradores resuelve esos conflictos de vida o muerte?

El arte de la mediación

Nos hallamos en un punto muerto cuando "la ausencia de progresos ha sido tan frustrante que ninguna de las dos partes desea continuar con la negociación". La huelga de UPS en 1998 llegó a ese punto. Ninguna de las dos partes quería concertar otro encuentro ya que nunca llegaban a nada. El secretario del trabajo, Alexis Herman, fungió como mediador y fue capaz de hacerlos transigir y resolver sus diferencias (tal vez esto es decir demasiado, pero por lo menos logró que firmaran un nuevo contrato laboral).

Hay grandes diferencias entre la mediación y el arbitraje, y es importante no confundirlos. El mediador no tiene poder para juzgar o para dictaminar quién tiene la razón y quién no. Ellos están ahí para usar sus habilidades, para facilitar una solución. El arbitraje es cuando ambas partes acuerdan desde el principio acatar lo que el árbitro cree justo. Cada parte le otorga el poder para juzgar e imponer una solución. Aquí me estoy refiriendo al arbitraje en que las partes quedan obligadas.

En la mediación ambas partes acuden al encuentro dispuestas a transigir. Las dos están ansiosas de llegar a un acuerdo aceptable para ambas. Este acuerdo no siempre se alcanza, pues las dos partes tienen que estar de acuerdo. En el arbitraje, ambas partes quieren ganar. Cada una espera que el árbitro vea que tenían la razón, y que la otra no. Presentarán su caso tan convincentemente como les sea posible con la esperanza de ser "premiados" por el árbitro. Siempre se llega a una resolución, pues el árbitro tiene el poder de imponer la aceptación del "premio'". Es posible que haya mediadores y árbitros en una misma disputa.

Sección dos

Elementos para presionar

ouis (Satchmo) Armstrong solía contar una historia de la época en que se inició en la música: "Una noche, un gordo y enorme pistolero irrumpió en mi camerino en Chicago, y me informó que yo iba a tocar en el club tal y tal en Nueva York la noche siguiente. Le dije que tenía un compromiso en Chicago y que no tenía ninguna intención de viajar a ninguna parte, y le di la espalda mostrando indiferencia. Entonces escuché ese sonido. ¡Snap! ¡Click! Me di la vuelta y él había sacado su enorme revólver y me estaba apuntado. ¡Dios! ¡Se ve como un cañón, y huele como a muerte! Así que miré el arma y dije: 'Bueno, tal vez toque en Nueva York mañana'". Como dijo una vez Al Capone: "Uno puede llegar más lejos con una palabra amable y un arma que con una palabra amable sola".

Apuntar con un arma a alguien en una negociación es el elemento de presión más crudo que existe. Imagino que es muy efectivo, pero no hay necesidad de que usted lo haga. En esta sección le enseñaré algunos elementos para presionar, que puede utilizar, y que son tan efectivos como aquél, pero más aceptables. Usted puede utilizarlos con la misma crudeza con la que apuntaría con un arma a alguien, pero normalmente lo mejor es ser más sutil. Si uno tiene el poder no hay necesidad de alardear.

La presión del tiempo

Vilfredo Pareto jamás estudió la influencia del tiempo en las negociaciones, y sin embargo, el principio de Pareto refleja la increíble presión que el tiempo puede ejercer en una negociación. Pareto fue un economista del sigo xix. Nacido en París, pasó la mayor parte de su vida en Italia, donde estudió el balance de la riqueza tal como se distribuye entre la población. En su libro *Cours d'economie politique*, señaló que 80 por ciento de la riqueza se concentraba en 20 por ciento de la población.

Lo interesante acerca de la regla 80/20 es que se manifiesta consistentemente en campos que aparentan no tener relación alguna. Los gerentes de ventas me dicen que 80 por ciento de sus ventas las hace 20 por ciento de sus vendedores. Tarde o temprano se les ocurre que deberían despedir a 80 por ciento y conservar sólo a 20 por ciento.

El problema con esto es que la regla 80/20 se vuelve a manifestar con los vendedores restantes, de modo que uno regresa al mismo problema, sólo que con un personal de ventas más reducido. Los maestros me dicen que 20 por ciento de los niños provoca 80 por ciento de los problemas. En los seminarios, 20 por ciento de los alumnos formula 80 por ciento de las preguntas.

Esta regla, aplicada a la negociación, indica que 80 por ciento de las concesiones ocurren en 20 por ciento de tiempo disponible. Si las demandas se presentan al principio de una negociación, puede que ninguna de las partes quiera hacer concesiones, y que la transacción entera se derrumbe. Por otra parte, si surgen problemas en el último 20 por ciento de tiempo disponible, las partes estarán más dispuestas a hacer concesiones. Piense en la última vez que compró un inmueble.

Probablemente pasaron 10 semanas desde que firmó el contrato inicial hasta que se convirtió en el dueño de la propiedad. Ahora piense en las concesiones que se hicieron. ¿No es verdad que durante las últimas dos semanas, cuando se renegociaban algunos puntos, las dos partes se habían vuelto más flexibles?

Algunas personas sin ética pueden utilizar esto en contra de usted. Puede que retengan hasta el último minuto algún elemento de la negociación que pudo ser tratado con anterioridad y resuelto fácilmente. Entonces, cuando Lino está a punto de finalizar la negociación, estos problemas surgen porque la otra parte sabe que usted será más flexible bajo la presión del tiempo.

Arregle todos los detalles desde el principio

Una de las enseñanzas que puede sacarse de esto es que uno debe arreglar siempre todos los detalles desde el principio. Nunca diga: "Bueno, podemos arreglar eso después". Un asunto que parece de poca importancia al principio puede convertirse en un gran problema bajo la presión del tiempo.

La gente se vuelve más flexible
bajo la presión del tiempo

Otra cosa que el negociador eficaz ha aprendido acerca del tiempo es que la gente se vuelve más flexible bajo la presión del tiempo. ¿En qué circunstancias le piden algo sus hijos? Cuando mi hija Julia estudiaba en la universidad del sur de California, vivía en una residencia universitaria, y algunas veces venía a casa el fin de semana y pedía dinero para libros. ¿Cuándo me pedía este dinero? El lunes a las 7 de la mañana. Exactamente cuando corría hacia la puerta decía: "Papá, lo siento, lo olvidé, necesito $60 para libros".

Yo le contestaba: "Julia, no me hagas esto. Yo enseño estas cosas. Estuviste todo el fin de semana en casa. ¿Cómo es posible que no haya habido oportunidad para hablar de esto antes?" "Lo siento, papá. No me acordé hasta que me estaba alistando para salir. Estoy retrasada. Tengo que irme o llegaré tarde a clases. Si no consigo esos libros hoy, no podré entregar mi tarea a tiempo. Por favor, ¿me podrías dar el dinero? Hablaremos de esto la siguiente semana". No es que los niños sean manipuladores, sino que instintivamente, después de años de tratar con adultos, han aprendido que la gente se vuelve más flexible bajo la presión del tiempo.

Cuando esté negociando, no deje que la otra parte sepa que usted tiene un plazo límite. Imagine que ha tomado un vuelo a Dallas para resolver una negociación con una promotora inmobiliaria y que tiene reservado su vuelo de regreso a las 6 p.m. Por supuesto que usted quiere tomar ese vuelo, pero no permita que la otra persona lo sepa. Si ella sabe que su vuelo es a las siete, dígale que tiene otra reservación a las 9 p.m., o incluso que puede quedarse todo el tiempo que sea necesario llegar a un acuerdo satisfactorio.

Si la otra parte sabe que usted está bajo la presión del tiempo, puede diferir la mayoría de los puntos de la negociación hasta el último minuto. Aquí existe el gran peligro de que usted ceda inútilmente bajo la presión. En mis seminarios de negociación eficaz propongo ejercicios para que los alumnos practiquen la negociación. Les puedo dar 15 minutos para llevar a cabo una negociación, y recalco la importancia de llegar a un acuerdo en ese lapso. Luego camino lentamente por el lugar escuchando los progresos en las negociaciones, y puedo decir que durante los primeros 12 minutos difícilmente se da alguno. Ambas partes defienden obstinadamente sus posiciones y ceden muy poco. Al minuto 12, cuando 80 por ciento del tiempo ha transcurrido, tomo el micrófono y les digo que restan sólo tres minutos. Luego hago recordatorios periódicos para mantener la presión del tiempo, y termino con una cuenta regresiva de los últimos cinco segundos. Es fácil notar que 80 por ciento de las concesiones se hace en 20 por ciento del tiempo disponible para negociar.

¿Qué debe hacerse cuando ambas partes se acercan al fin del mismo plazo límite? Hay una pregunta interesante que surge aquí. Este sería el caso si, por ejemplo, usted rentara el lugar donde tiene su oficina. Imagine que su contrato de arrendamiento vence dentro de seis meses, y que debe negociar su renovación con el dueño del edificio. Tal vez piense: "Utilizaré la presión del tiempo sobre el dueño para lograr el mejor trato. Esperaré hasta el último momento para negociar con él. Eso lo pondrá bajo una gran presión de tiempo. Él se dará cuenta de que si yo me voy, el lugar quedará vacío por varios meses hasta que pueda encontrar un nuevo inquilino". Esta puede parecer una buena estrategia, hasta que se da cuenta de que no hay ninguna diferencia entre esto y que el dueño se niegue a negociar hasta el último minuto para presionarlo a usted.

Aquí tiene una situación en que ambas partes se acercan al fin del mismo plazo límite. ¿Cuál parte debe utilizar la presión del tiempo y cuál debe evitarla? La respuesta es que la parte que tiene más poder puede usar la presión del tiempo, y la parte que tiene menos poder debe evitarla y negociar con mucha anticipación. Muy bien, pero ¿cuál es la parte que tiene más poder? La parte que tiene más poder es la que tiene más opciones. Si no se logra la renovación del arrendamiento, ¿quién tiene las mejores opciones?

Para determinar esto puede tomar una hoja de papel y dibujar una línea a la mitad. Del lado izquierdo enumere las opciones que tiene en caso de no poder renovar el contrato de arrendamiento. ¿A qué otros lugares tiene acceso? ¿Van a costarle menos o más? ¿Cuánto le costaría cambiar los teléfonos y mandar imprimir nueva publicidad? ¿Sería fácil para sus clientes encontrarlo si se muda? En el lado derecho de la hoja escriba las opciones del dueño. ¿Qué tan especializado es su edificio? ¿Qué tan difícil le sería encontrar un nuevo inquilino? ¿Pagaría éste más o menos de renta? ¿Cuánto tendría que gastar en remodelaciones para satisfacer a un nuevo inquilino? Debe compensar el hecho de que cualquiera que sea el lado que ocupa en la mesa de negociaciones, usted siempre pensará que lleva la peor parte. Después de todo, conoce perfectamente las presiones que tiene, pero no conoce las que tiene el dueño. Una cosa que puede hacer de usted un poderoso negociador es entender que uno siempre piensa que lleva la peor parte, y debe aprender a compensar esto. Cuando enumere las alternativas de cada parte, probablemente llegará a la conclusión de que el dueño tiene más alternativas.

Compense esto, pero si aún así el dueño parece tener más alternativas que usted, él es el que tiene el poder. Debe evitar la presión del tiempo y negociar la renovación del contrato con mucha anticipación. Sin embargo, si tiene más alternativas que el dueño, póngalo bajo la presión del tiempo posponiendo la negociación hasta el último momento.

Si la negociación se alarga la gente se vuelve más flexible

Mientras más tiempo pueda mantener a la otra persona involucrada en la negociación, más fácil es que ésta se adapte a su punto de vista. La próxima vez que se encuentre en una situación en la que empieza a pensar que nunca va a hacer ceder a la otra parte, piense en los remolcadores del río Hudson en Manhattan. Un pequeño remolcador es capaz arrastrar esos enormes trasatlánticos si lo hace poco a poco. Sin embargo, si el capitán del remolcador retrocediera, acelerara, e intentara arrastrar al trasatlántico a la fuerza, no serviría de nada. Algunas personas negocian así. Cuando llegan a un estancamiento en la negociación que les provoca frustración, se impacientan e intentan forzar a las personas a cambiar de parecer. Recuerde a los remolcadores. Si se mueven poco a poco, son capaces de arrastrar un trasatlántico. Si uno tiene la paciencia suficiente, es posible hacer cambiar de parecer a cualquiera, siempre que se haga poco a poco.

Desgraciadamente esto se aplica en ambos sentidos. Mientras más tiempo pase usted en una negociación, más probable es que haga concesiones. Puede que haya tomado un vuelo a San Francisco para tratar un importante negocio. A las 8 de la mañana se encuentra en la oficina de las otras personas sintiéndose lleno de vida, fresco, y determinado a trabajar hasta lograr todos sus objetivos. Por desgracia las cosas no van como usted esperaba. La mañana se alarga sin progreso alguno, y deciden tomar un receso para comer. La tarde termina, y sólo se han acordado unos cuantos puntos de poca importancia. Llama a la línea aérea y cambia su reservación para el vuelo de media noche. Toman otro receso para cenar y regresa determinado a obtener algo. Tenga cuidado. A menos que sea muy cuidadoso, a eso de las 10 p.m. usted empezará a hacer concesiones que nunca pensó que iba a hacer cuando empezó esa mañana.

¿Por qué sucede esto? Porque su subconsciente le está gritando: "No puedes irte con las manos vacías después de todo el tiempo y el esfuerzo que has invertido. Debes conseguir algo". En el momento en que usted llega al punto en que está dispuesto a rendirse, se está programando para perder en la negociación. Un negociador eficaz sabe que debe hacer caso omiso del tiempo y del dinero que ha invertido en un proyecto hasta ese punto. El tiempo y el dinero se han ido, ya sea que logre un acuerdo o no. Analice los términos de la negociación como se presentan en el momento, y piense: "Sin tomar en cuenta el tiempo y el dinero que hemos invertido hasta ahora, ¿debemos seguir adelante?"

No tema renunciar si ya no tiene sentido continuar. Es mucho más barato dar por perdida su inversión, que continuar con un negocio que no le favorece sólo por el hecho de que ha invertido mucho en él. Esta es una de las cosas que hace de Donald Trump un negociador tan poderoso. Él no teme renunciar cuando un trato ya no resulta favorable. Por ejemplo, gastó 100 millones para comprar el terreno para Television City en el oeste de Manhattan. Gastó más millones diseñando los planes para el proyecto, que incluiría una torre de 150 pisos, la más alta del mundo, y un magnífico estudio de televisión que pensaba vender a la NBC. Sin embargo, cuando no pudo negociar las exenciones tributarias desechó todo el proyecto. Usted debe analizar la negociación del mismo modo. Olvide lo que ha invertido y analice si aún resulta favorable en las condiciones en que está ahora.

Tiempo de aceptación

Otra manera de utilizar el tiempo a su favor consiste en lo que los negociadores llaman "tiempo de aceptación". Su propuesta inicial puede haber parecido abominable a la otra parte. Bajo ninguna circunstancia la considerarían siquiera. Pero si usted puede ser paciente y dejar la propuesta sobre la mesa el tiempo suficiente, entonces la otra parte puede finalmente considerarla aceptable. El tiempo que lleva a una persona considerar una propuesta inaceptable como la mejor que puede hacer, es el tiempo de aceptación. Estos son algunos ejemplos:

Muerte. Esto puede tomar algunas décadas, pero finalmente todos aprendemos a aceptarla. Secuestro. El secuestrador pide $10 millones y un boleto a la libertad. Después se conforma con la oportunidad de rendirse con dignidad. Venta de inmuebles. Pensábamos obtener un millón de dólares por la casa que amamos. Después de anunciarla seis meses, nos resignamos a la idea de que los compradores no la aman tanto como nosotros. Promociones. Pensábamos obtener la vicepresidencia en Nueva York. Después de un angustiante fin de semana aceptamos que el puesto de gerente de distrito en El Paso debe venir primero. Aceptación en la universidad. Teníamos nuestras esperanzas puestas en mandar a nuestro hijo a Stanford. Aceptamos con pesar que con sus calificaciones tiene suerte de ser aceptado en la universidad de la comunidad.

Tenga presente el fenómeno del tiempo de aceptación y sea paciente. Puede que la otra parte llegue a considerar su propuesta seriamente. El tiempo es comparable al dinero. Ambos se invierten, se gastan, se ahorran, y se pierden. Invierta el tiempo necesario para recorrer cada etapa de la negociación. Utilice la presión del tiempo para obtener ventaja.

No se rinda a la tentación de tomar una decisión precipitada. El negociador eficaz sabe que el tiempo es dinero.

El poder de la información

¿Por qué los países envían espías a otros países? ¿Por qué los equipos profesionales de futbol analizan las grabaciones de los juegos de sus oponentes? Porque el conocimiento es poder, y mientras más información reúna una parte acerca de la otra, más posibilidades tendrá de resultar vencedora. Si dos países están en guerra, el país que tiene más información sobre el otro lleva la ventaja.

Los gobiernos gastan miles de millones en reunir información sobre otros países; antes celebrar un encuentro para el control de armamento, fue interesante ver la entrevista que hicieron a Henry Kissinger antes de que entrara a una reunión cumbre: "Señor Kissinger, ¿cree que es posible que nuestros negociadores sepan lo que la otra parte propondrá en las pláticas antes de que ellos lo propongan?" Él respondió: "Oh, absolutamente, no hay ninguna duda al respecto. Sería absolutamente desastroso para nosotros ir a una negociación sin saber con anterioridad lo que la otra parte va a proponer .

¿Puede imaginar lo que cuesta reunir esa clase de información? En octubre de 1997 la cia levantó el secreto oficial sobre su presupuesto por primera vez en sus 50 años de historia. La agencia gasta 26,6 miles de millones al año recabando información, incluso ahora que la

Guerra Fría ha terminado. Si los gobiernos piensan que es importante invertir ese monto de dinero, ¿no cree que sería importante invertir aunque sea un poco de tiempo antes de ir a una negociación para saber más acerca de la otra parte?

Cuando la revista *Fortune* le preguntó a Bill Richardson, antiguo embajador ante las Naciones Unidas, qué se necesitaba para ser un buen negociador, lo primero que dijo fue: "Debe saber escuchar. Debe respetar el punto de vista de la otra persona. Debe saber qué es lo que mueve al adversario". Cuando se le preguntó cómo se preparaba para una negociación, de nuevo se refirió inmediatamente a la recabación de información: "Hablo con la gente que conoce a la persona con la que vaya a negociar. Hablo con estudiosos, expertos del departamento de estado, y periodistas. Antes de reunirme con Saddam Hussein, me apoyé mucho en el embajador de Irak ante las Naciones Unidas. Él me aconsejó ser muy honesto con Saddam, no andarme con miramientos. Con respecto a Castro, supe que estaba ávido de información acerca de Estados Unidos de América. Estaba fascinado con Steve Forbes y con el estancamiento de las discusiones sobre el presupuesto en el congreso. Él mismo presume ser un experto en política estadounidense. Con Cedras de Haití supe que acostumbraba jugar a 'el bueno y el malo' con frecuencia".

Regla uno: no tema admitir que no sabe

Si usted es propietario de una vivienda, recuerde el momento en que la compró. ¿Cuánto sabía de los vendedores antes de proponer su oferta? ¿Sabía por qué estaban vendiendo la casa y cuánto tiempo habían estado tratando de venderla? ¿Supo cómo determinaron el precio? ¿Cuánto sabía acerca de sus necesidades y sus intenciones respecto a la negociación? Frecuentemente el corredor no sabe, ¿cierto? Él estuvo en contacto directo con los vendedores cuando ellos anunciaron la propiedad. Sin embargo, cuando se le pregunta sobre las intenciones de los vendedores, frecuentemente contestará: "Bueno, no lo sé. Sé que necesitan el dinero, pero no sé que piensan hacer con él. No creí que me correspondiera preguntar". En mis seminarios de uno o dos días, divido a los alumnos en equipos de negociadores, clasificando a unos como compradores y a otros como vendedores. Además, asigno a cada uno fortalezas y debilidades que pueden ser descubiertas. Digo a cada parte que si la otra les pregunta algo para lo cual han recibido una respuesta, no deben mentir. Si una parte descubre sólo la mitad de esta información cuidadosamente plantada, esa parte estará en una posición privilegiada para llegar a un acuerdo exitoso. Desgraciadamente, no importa cuántas veces instruya a los alumnos sobre la importancia de reunir información, incluso al punto de asignar 10 minutos de la negociación sólo a eso; aún así se muestran reacios a esmerarse en ello.

¿Por qué la gente se resiste a reunir información? Porque para descubrir algo uno tiene que admitir que no sabe, y la mayoría de nosotros somos extraordinariamente renuentes a admitir que no sabemos. La primera regla para recabar información es: no actúe con excesiva confianza en sí mismo. Admita que no sabe, y admita que cualquier cosa de la que está seguro puede estar equivocada.

Regla dos: no tema formular la pregunta

Yo solía evitar preguntar por temor a que la pregunta molestara a la otra persona. Era de los que decía: "¿Le molestaría si le preguntara?" o "¿le incomodaría decirme? Ya no lo hago. Ahora pregunto: "¿Cuánto dinero ganó el año pasado?" Si ellos no quieren decirme, no lo dirán. Aún cuando no le contesten, usted estará reuniendo información. Un poco antes de que el general Schwarzkopf enviara nuestras tropas a Kuwait, Sam Donaldson le preguntó: "General, ¿cuándo va a iniciar el ataque terrestre?" ¿Cree que él pensaba que le iban a responder: "Sam, prometí al presidente que no se lo diría a ninguno de los 500 reporteros que me lo preguntan, pero ya que eres tú quien lo pregunta, te lo diré. Vamos a entrar el martes a las 2 a.m."? Por supuesto que Schwarzkopf no iba a responder a esa pregunta, pero un buen reportero pregunta de todos modos. Puede servir para presionar a la otra persona o para molestarla tanto que la haga decir cosas que no quería. El sólo hecho de evaluar la reacción de la otra persona le puede dar mucha información.

Cuando viajo por todo el país siempre estoy buscando buenas ofertas para comprar bienes raíces. Hace muchos años estuve en Tampa, y vi un anuncio clasificado que ofrecía una vivienda a la orilla del mar, en un terreno de un acre, por $120,000. Para alguien que como yo, vive en California, esto era toda una ganga. Si se pudiera encontrar ahí un terreno de un acre a la orilla del mar valdría millones. Llamé al dueño para pedir más información. Él hizo una descripción de la propiedad y todo sonaba aún mejor. Entonces le dije: "¿Por cuánto tiempo ha sido el propietario?" Esta es una pregunta normal que a muy poca gente le molestaría hacer. Me contestó que la había tenido por tres años. Luego le pregunté: "¿Cuánto pagó por ella?". Esta es una pregunta que a mucha gente le costaría hacer. Podrían pensar que molestaría a la otra persona. Hubo una gran pausa al otro lado de la línea.

Finalmente contestó: "Bien. Se lo diré. Pagué $85,000". Inmediatamente supe que no se trataba del gran negocio que parecía. El mer-

95

LA MAESTRÍA EN LOS NEGOCIOS

cado de bienes raíces de Tampa había tenido muy poco movimiento, y él no había hecho mejoras en la propiedad. Descubrí mucho formulando esa pregunta. ¿Qué tal que se hubiera rehusado a contestar la pregunta, si me hubiera dicho que eso no era de mi incumbencia? ¿Estaría aún así reuniendo información? Por supuesto que sí. ¿Qué tal que me hubiera mentido, que me hubiera dicho: "Oh, sí, pagamos $200,000. De hecho estamos perdiendo"? ¿Si me hubiera mentido aún así estaría reuniendo información? Por supuesto. Entonces, no tema hacer la pregunta.

Durante mi experiencia como corredor de bienes raíces empecé a aplicar la lección para resolver el problema de los compradores que no estaban contentos con la casa que habían comprado. Los vendedores se habían mudado dejándonos a la compañía ya mí para resolver el problema. Invitaba a mis visitantes a sentarse, y con una gran hoja de papel frente a mí, les preguntaba: "Por favor, quisiera saber exactamente cuáles son sus quejas y exactamente qué creen que debemos hacer nosotros en cada caso".

Ellos contestaban: "La luz de la sala no funciona". Yo escribía en el papel: "Interruptor en sala". Continuaba preguntándoles si había algo más hasta que ventilaban todas sus quejas, mientras las escribía minuciosamente en el papel.

Cuando se acababan sus quejas, yo trazaba una línea bajo el último punto y les mostraba el papel. Entonces negociaba las cosas que haríamos y las que no. La mayoría de la gente está dispuesta a transigir, y si yo ofrecía mandar un plomero para arreglar la fuga de agua, ellos estaban dispuestos a cambiar el interruptor de la luz de la sala. Con este método lo que ellos querían quedaba claro desde el principio; habían echado todas sus cartas, cara arriba, y yo controlaba la situación porque podía decidir cuál iba a ser mi respuesta.

Hacerlo del otro modo es tonto, pero es la forma en que la mayoría de las personas responsables de tratar las quejas lo hacen. Ellos preguntan cuáles son los problemas y luego se hacen cargo de ellos uno por uno. Los dueños de la casa se quejan de que la luz no funciona, y ya que no es algo costoso, la persona que recibe la queja dice: "No hay problema, nos haremos cargo". Los dueños inmediatamente pensarán que será fácil obtener más concesiones y seguirán buscando otras cosas que están mal. En términos de negociación eso se llama *escalar demandas*. Al pedirles que se concreten a una lista de peticiones, usted establece parámetros sobre las demandas.

Si quiere saber más acerca de la otra persona, no hay nada mejor que una pregunta directa. En mi propia experiencia, ahora que ya no temo preguntar, me he encontrado con muy pocas personas que tienen inconvenientes serios para responder, incluso a las preguntas más personales.

Por ejemplo, ¿cuántas personas se molestan cuando les pregunta: "¿Por qué estuvo en el hospital?" No muchas. Es una característica curiosa de la naturaleza humana el que estemos dispuestos a hablar de nosotros mismos, pero que seamos reacios a preguntar a otros acerca de ellos. Tememos esa mirada de reproche y el rechazo a una pregunta personal. Nos abstenemos de preguntar porque esperamos como respuesta un: "No es de su incumbencia". ¿Pero con qué frecuencia respondemos nosotros así a alguien?

Si alguna vez quiere ganar una apuesta a alguien, apueste que usted puede acercarse a un extraño y hacer que le diga qué marca de ropa interior usa. Por supuesto sería de gran ayuda si se acercara a ese extraño con una tablilla con sujetapapeles y le explicara que está haciendo una encuesta. Si la gente le dice cosas como esa en las calles, ¿por qué ponerse nervioso por pedir las respuestas que necesita en una negociación? Pedir más información en sus negociaciones no sólo le ayudará a ser un mejor negociador, sino también será un factor importante que lo ayudará a obtener las cosas que quiere de la vida. Formular preguntas es un buen hábito que le conviene adoptar. Sólo pregunte. ¿Suena fácil, no? Sin embargo, la mayoría de nosotros somos demasiado escrupulosos cuando se trata de preguntar algo a alguien.

Cuando supere sus inhibiciones para preguntar, la cantidad de personas dispuestas a ayudarlo le sorprenderá. Cuando decidí convertirme en un orador profesional, llamé a Danny Cox, quien es un orador al que admiro mucho, y le pregunté si podía invitarlo a comer. Durante la comida, me dio una lección con un valor de $5,000 de cómo ser un orador exitoso. Siempre que me lo encuentro le recuerdo qué fácil hubiera sido para él disuadirme. En vez de ello, me animó mucho. Todavía me sorprende ver cómo personas que han pasado toda una vida acumulando conocimientos en un área particular, están más que dispuestas a compartir esa información conmigo sin pensar siquiera en una retribución.

Aún más increíble es que a estos expertos raramente se les pide compartir sus conocimientos. La mayor parte de la gente se siente intimidada ante los expertos, de modo que el profundo conocimiento que tienen para ofrecer nunca se aprovecha del todo. ¡Qué absurdo desperdicio de un recurso tan valioso! Todo por temor irracional.

Regla tres: formule preguntas de respuesta abierta

Los negociadores eficaces conocen la importancia de preguntar y de tomarse el tiempo para hacerlo adecuadamente. ¿Cuál es la mejor manera de preguntar? Rudyard Kipling hablaba de sus seis sinceros sirvientes. Dijo:

Seis sinceros sirvientes guardo.
(Me enseñaron todo lo que sé);
Sus nombres son Quién y Por Qué y Cuándo
y Cómo y Dónde y Qué.

De los seis sinceros sirvientes de Kipling el que menos me gusta es Por qué. *Por qué* puede fácilmente sonar incriminatorio. "¿Por qué hizo eso?" implica una crítica. "¿Qué hizo luego?" no implica crítica. Si necesita saber por qué, suavice la pregunta reformulándola con *cuál*: "Probablemente tuvo un motivo para hacer eso. ¿Cuál fue?" Aprenda a usar a los seis sinceros sirvientes de Kipling para averiguar todo lo que necesite saber.

Se puede obtener aún más información si se aprende a formular preguntas de respuesta abierta. Las preguntas de respuesta definida son las que pueden ser contestadas con un "sí" o un "no", o con una respuesta específica. Por ejemplo: "¿Qué edad tiene?" es una pregunta de respuesta definida. Le dirán una cifra y eso es todo. "¿Qué siente con respecto a la edad que tiene?" es una pregunta de respuesta abierta. Esta invita a decir más que una simple respuesta específica. "¿Cuándo debemos terminar el trabajo?" es una pregunta de respuesta definida. "Hábleme de las condiciones del trabajo" es una solicitud abierta de información.

Estos son cuatro recomendaciones de respuesta indefinida que puede utilizar para obtener información. Primero, pruebe repitiendo la pregunta. Ellos le dicen: "Están cobrando demasiado". Sin embargo no le explican por qué piensan así, y usted quiere saber por qué. Repita preguntando: "¿Cree que estamos cobrando demasiado?". Con mucha frecuencia ellos le darán una explicación completa de por qué dijeron eso. O si no pueden argumentar a favor de ello porque sólo lo dijeron para ver cómo reaccionaba usted, tal vez se retracten. La segunda recomendación consiste en preguntar sentimientos. No qué pasó, sino cómo se siente por lo que pasó. Si usted es un contratista y el capataz le dice: "Todos me reclamaron cuando llegué al trabajo". En vez de preguntar "¿Cuál fue la causa?", diga: "¿Cómo te sentiste por ello?". Tal vez la respuesta que obtenga sea: "Probablemente me lo merecía. Llegué una hora tarde, y cuando lo hice ya habían llegado tres cargas de concreto. Sólo me estaban esperando".

La tercera recomendación consiste en preguntar opiniones. El banquero dice: "El comité de préstamos exige una garantía personal a los pequeños empresarios". En vez de asumir que esa es la única forma de obtener el préstamo, intente decir: "¿Y qué opina usted al respecto?". Puede que él le conteste: "No creo que sea necesario, si nos garantiza mantener un capital constante adecuado en su empresa. Déjeme ver qué puedo hacer por usted".

La cuarta recomendación consiste en pedir una reafirmación. Si le dicen: "Su precio es muy alto", usted responda: "No entiendo por qué dice eso". Lo más probable es que en vez de repetir las mismas palabras le den una explicación más detallada del problema.

Resumamos las cuatro recomendaciones de respuesta indefinida para reunir información:

1. Repita la pregunta: "¿Cree usted que no satisfacemos los requisitos?"

2. Pregunte sentimientos: "¿Y cómo se siente con respecto a esa política?"

3. Pregunte opiniones: "¿Qué opina usted de eso?"

4. Pida una reafirmación: "¿Cree usted que no terminaremos a tiempo?"

Regla cuatro. Es muy importante el lugar donde hace la pregunta

Los negociadores eficaces saben también que el lugar donde se hacen las preguntas puede marcar una gran diferencia. Si tiene una entrevista en las oficinas centrales de la compañía de la otra persona, donde ésta estará rodeada por toda la parafernalia de poder, autoridad y formalidad de su compañía, ése es el lugar menos adecuado para obtener información. Las personas en su ambiente de trabajo están siempre rodeadas por cadenas invisibles de protocolo: lo que creen que deben decir y lo que no. Esto aplica a un ejecutivo en su oficina, a un vendedor haciendo una llamada de negocios, y a un plomero que arregla una tubería en su sótano. Cuando las personas están en su ambiente de trabajo, se cuidan de dar cualquier información. Si usted los aleja de su ambiente de trabajo, la información fluye más libremente. Esto no es difícil. Algunas veces todo lo que tiene que hacer es llevar a ese vicepresidente al comedor de la compañía para tomar un café. Con frecuencia eso es todo lo que hace falta para relajar las tensiones de la negociación y hacer que la información circule. Si se encuentran para comer en el club de campo donde usted es miembro, donde estarán rodeados por su propia parafernalia, poder y autoridad, y él se siente psicológicamente en deuda porque usted lo invitó a comer, entonces es aún mejor.

Regla cinco: no pregunte a la persona con la que va a negociar

Si va a una negociación sabiendo sólo lo que la otra parte ha decidido decirle, usted será muy vulnerable. Otras personas le pueden decir cosas que la otra parte no le diría, y pueden confirmar lo que la otra parte le ha dicho. Comience preguntando a gente que ya haya hecho negocios con ellos. Creo que le sorprenderá, aún cuando los haya considerado su competencia, lo dispuestos que están a compartir esa información con usted. Prepárese para un tira y afloja de información. No diga nada que no quiera que sepan, pero la forma más fácil de hacer que la gente se abra es ofreciéndoles información a cambio.

La gente que ya ha hecho negocios con la otra parte puede ser particularmente útil para revelar el carácter de la gente con la que está negociando. ¿Son confiables? ¿Les gusta alardear o son directos en sus tratos? ¿Respetan sus acuerdos verbales o necesita que un abogado lea las letras pequeñas de los contratos?

Enseguida acuda a la gente que está debajo de la persona con la que planea tratar en la jerarquía de la corporación. Imagine que va a negociar con alguien en la oficina central de una cadena nacional de minoristas. Puede llamar a una de las agencias locales y concertar una cita para ver al gerente local. Éste le puede decir mucho, aunque él no puede negociar el trato, acerca de la manera en que la compañía toma decisiones, de por qué un proveedor es aceptado y otro no, de las especificaciones que toman en cuenta, del margen de ganancias que esperan, de la manera en que la compañía paga normalmente, etcétera.

Asegúrese de "leer entre líneas" en esas conversaciones. Sin que usted lo note, puede que ya hayan empezado las negociaciones. Por ejemplo el gerente local le puede decir: "Ellos nunca trabajan con un margen de ganancia menor a 40 por ciento" cuando puede que este no sea el caso. y nunca diga al gerente local nada que no diría a la gente de la oficina central. Tome la precaución de asumir que cualquier cosa que diga regresará a ellos.

Aproveche las confidencias entre pares. Esto se refiere a que las personas tienen una tendencia natural a compartir información con sus colegas. En una fiesta usted encontrará abogados comentando sus casos con otros abogados, mientras que considerarían poco ético hacerlo con alguien fuera del gremio. Los médicos hablarán de sus pacientes con otros médicos, pero no con alguien de otra profesión.

Los negociadores eficaces saben cómo utilizar este fenómeno, porque aplica a todas las ocupaciones, no sólo a las profesiones. Ingenieros, directores, capataces, choferes, todos muestran lealtad hacia su ocupación y hacia sus jefes. Póngalos el uno junto al otro y obtendrá información que no podría obtener de ningún otro modo.

Si está pensando en comprar maquinaria de segunda mano, haga que su jefe de máquinas se encuentre con el homólogo del vendedor. Si está pensando comprar otra compañía, haga que su director salga a comer con el contador de aquélla. Puede llevar a uno de sus ingenieros a visitar otra compañía, y dejar que se mezcle con los ingenieros de ésta. Encontrará que a diferencia de lo que ocurre en los altos niveles gerenciales, el nivel en el que usted puede estar negociando, los ingenieros mantienen un vínculo que se despliega a todo lo ancho de su profesión, en vez de sólo una lealtad jerárquica hacia la compañía para la que trabajan. Entonces, toda clase de información pasará entre estos dos.

Naturalmente tiene que cuidar que su gente no dé información que lo pueda dañar. Asegúrese de elegir a la persona adecuada. Instrúyala cuidadosamente acerca de lo que está dispuesto a decir a la otra parte y lo que no, esto es, la diferencia entre información disponible y la información confidencial. Entonces déjelo que vaya, retándolo para ver cuánta información puede encontrar. La recabación de información por medio de los colegas es muy efectiva.

Regla seis: no utilice las preguntas sólo para obtener información

Aunque el motivo principal para formular preguntas es el de obtener información, hay muchas otras razones para hacer preguntas.

Para criticar a la otra parte: ¿Ya resolvieron los problemas de distribución que tenían? ¿Qué pasó con esa demanda que interpuso un cliente? ¿Por qué cerraron esa oficina en Atlanta a los seis meses de abrirla? ¿Por qué Universal dejó de hacer negocios con ustedes? ¿Cómo va la investigación de la Comisión Federal de Comercio? Puede que ya conozca las respuestas a estas preguntas.

Para hacer que la otra parte piense: ¿Están seguros de que expanderse a Puerto Rico es lo correcto? ¿Están a gusto con su nueva agencia de publicidad? ¿Cómo reaccionará la gente si ustedes hacen negocios con nosotros? ¿No le da desconfianza encargar todos sus negocios a ese vendedor?

Para concientizarlos: ¿Estuvo en la reunión en la que nos fue otorgado el premio al mejor empaque del año? ¿Leyó la reseña de nuestro producto en el *Newsweek*? ¿Ya sabía que tenemos una planta nueva en Bangkok? ¿Sabía que nuestro vicepresidente fue presidente de Universal?

Para declarar su posición: ¿Sabe que los expertos consideran nuestro sistema de entrega como el mejor del ramo? ¿Por qué querríamos hacer eso? ¿Conoce a alguien más que crea eso? ¿Entonces por qué 95 por ciento de nuestros clientes continúa aumentando el monto de sus pedidos?

Para obtener un compromiso: ¿Cuál modelo le serviría mejor? ¿Cuántos le enviaríamos? ¿Elegiría el empaque de lujo o el de venta por correo? ¿Qué tan rápido desea la entrega?

Para acercar a las dos partes. Esta es una técnica usada frecuentemente por los mediadores y los árbitros: ¿Entonces podemos acordar en esto los dos? ¿Qué pasaría si puedo hacer que ellos acepten 5 por ciento de aumento? ¿Pero qué harían ustedes si ellos decidieran manifestarse frente a sus tiendas? Usted no cree realmente que ellos van a aceptar eso, ¿cierto?

Los negociadores eficaces aceptan toda la responsabilidad de lo que ocurre en una negociación. Los negociadores ineficaces culpan a la otra persona por la manera en que ellos mismos se comportaron. Como negociador acepto que no existe tal cosa como una mala negociación. Sólo existen negociaciones en las que no sabemos lo suficiente acerca de la otra parte. Reunir información es lo más importante que podemos hacer para asegurar que la negociación marche sobre ruedas.

ESTAR DISPUESTO A RENUNCIAR

De todos los elementos para presionar en una negociación, este es el más poderoso. Consiste en proyectar a la otra persona la imagen de que va a renunciar a las negociaciones si no obtiene lo que quiere. Si hay algo que yo puedo inculcarle, y que hará de usted un negociador 10 veces más poderoso, es esta: aprenda a explotar el poder de la renuncia. El peligro consiste en que hay un punto psicológico después del cual uno ya no está dispuesto a renunciar. Hay un punto en las negociaciones en el que empieza a pensar: "Voy a comprar este auto". "Voy a obtener el mejor precio que pueda, pero no me voy a mover de aquí hasta que lo consiga". "Voy a contratar a esta persona dándole menor salario y las menores prestaciones posibles, pero no se me va a ir de las manos". "Tengo que obtener este empleo". "Trataré de obtener el mejor sueldo y las mejores prestaciones posibles, pero tengo que obtener este empleo". "Voy a comprar esta casa. Haré que el vendedor baje su precio lo más que pueda, pero ésta es la que quiero". "Tengo que hacer esta venta. No puedo salir de aquí sin un acuerdo". En el momento en que rebasa el punto en que puede decir: "Estoy dispuesto a renunciar a esto", en ese momento usted pierde.

Asegúrese de no rebasar ese punto. No existe tal cosa como una venta que deba cerrar a cualquier precio, o el único automóvil o casa que le conviene, o un trabajo o un empleado sin el que no pueda arreglárselas. En el momento en que rebasa el punto en el que cree que así es, en ese momento pierde. En mis seminarios, cuando la gente me dice que ha cometido un error en una negociación, ése es siempre parte del problema. Han rebasado el punto en el que están dispuestos a renunciar. En algún momento de la narración de su caso me dicen: "Me había hecho a la idea de que lo iba a lograr", y entonces sé que ese fue el momento crucial de la negociación. Fue el momento en el que perdieron.

Uno se convierte en un negociador eficaz cuando aprende a proyectar a la otra parte la idea de que va a renunciar si no consigue lo que quiere. Si usted está vendiendo algo, asegúrese de haber provocado el suficiente deseo en la otra parte antes de amenazar con renunciar. Obviamente si ellos no desean especialmente su producto o servicio, y usted amenaza con renunciar, se va a quedar parado en la acera preguntándose: "¿Qué pasó?"

Usted debe ver las ventas como un proceso de cuatro etapas.

1. Búsqueda. Encontrar a la persona que quiera hacer negocios con usted.
2. Clasificación. ¿Son capaces de hacer negocios con usted?

3. Provocar deseo. Hacer que prefieran su producto o servicio al de cualquier otro.

4. Cierre. Acordar el compromiso. El renunciar es una recomendación para el paso cuatro. Se utiliza después de haber provocado el deseo y cuando se quiere obtener el compromiso.

Recuerde que el objetivo es obtener lo que quiere amenazando con renunciar. El objetivo no es renunciar. No diga: "Roger, vas a estar orgulloso de mí. Acabo de renunciar a una venta de un millón de dólares". Es como cuando el general Patton decía a sus tropas: "Mantengan el objetivo claro. El objetivo no es morir por la patria; es hacer que el otro pobre diablo muera por la suya".

En una situación delicada, donde hay algo importante en juego, no amenace con renunciar sin la protección de "el bueno y el malo". No lo haga solo. Debe tener a "el bueno" a su lado. Si usted amenaza con renunciar y ellos no dicen: "Oiga, espere un minuto. ¿Dónde va? Regrese, aún podemos arreglar esto", entonces usted tiene a "el bueno" a su lado, quien puede decir: "Miren, él está molesto en este momento. Creo que aún podemos arreglar esto, si ustedes pueden ser un poco más flexibles en su precio".

Cómo desarrollar el poder de la renuncia

Uno desarrolla el poder de la renuncia cuando aumenta sus alternativas. Recuerde que la parte que tiene más opciones es la que tiene más poder. Si ha encontrado la casa de sus sueños y está planeando proponer una oferta, esto es lo que debe hacer: debe encontrar otras dos casas que le gusten tanto como esa. De ese modo usted será un negociador más fuerte cuando esté negociando con el vendedor de la primera casa. En vez de pensar que es la única casa en la que sería feliz, estará pensando: "No hay problema. Si no puedo obtener un buen precio en ésta, puedo estar igualmente satisfecho con cualquiera de las otras dos que he escogido". Esto no quiere decir que no vaya a obtener la primera casa. Sólo significa que cuando se da opciones, se da poder.

Cómo proyectar el poder de la renuncia

Permítame explicarle como proyectar el poder de la renuncia contándole cómo un agente de bienes raíces lo utilizó conmigo. Yo era propietario de un par de inmuebles en Long Beach, California, como a 50 millas de donde vivo. No estaba muy familiarizado con el mercado, y se me estaba dificultando encontrar un agente que lo manejara. Finalmente supe de Walter Sanford, un agente de bienes raíces que parecía ser implacable cuando se trataba de hacer negocios. Parecía que él era la clase de persona que quería que me representara en la venta de esta propiedad.

Le llamé y le dije: "Tengo un par de propiedades muy cerca de sus oficinas. Me gustaría que las cotizara por mí". Él me contestó: "Puede que esté dispuesto a representarlo. ¿Cuándo puede venir a mi oficina para que lo discutamos?". Eso me gustó. Evidentemente estaba familiarizado con la negociación eficaz. En primera, estaba dispuesto a renunciar. En ningún momento tomó la actitud típica en los bienes raíces: "¡Vaya!, por dos propiedades soy capaz de dejar lo que estoy haciendo e ir ahora mismo". Él dijo: "Puede que esté dispuesto a representarlo".

En segundo lugar, él sabía que uno debe siempre tratar de negociar en su propio territorio. Para él era mucho mejor si podía convencerme de ir a su oficina que venir a la mía. Tercero, él estaba iniciando el proceso de hacerme seguir instrucciones. Si puede lograr que la gente empiece a hacer lo que les pide, aunque sea algo pequeño, empieza a tomar el control de la relación. Se empieza a fraguar un impulso que termina en un: "De acuerdo. Lo haremos a su modo".

Hice una cita para tres o cuatro días más tarde y fui a su oficina para hablar con él. Él ya había visitado las propiedades y preparado un par de archivos de información con las cotizaciones que proponía. Estas cotizaciones estaban por debajo de lo que yo creía que valían las propiedades. Para este momento yo ya había desarrollado una gran confianza hacia él, y pensaba: "Bueno, él conoce este campo mejor. Lo tomo o lo dejo. Voy a aceptar sus cotizaciones".

Entonces me dijo: "Roger, seguramente está consciente que no voy a trabajar con esta propiedad por menos de 9 meses, ¿cierto?".

Yo le dije: "Espera un minuto, Walter. ¿Nueve meses? ¿Cuando es la primera vez que trabajamos juntos? No creo estar dispuesto a tener mi propiedad en el mercado nueve meses".

Lo que él hizo fue muy inteligente. Se puso de pie, cerró los archivos que había estado consultado, y extendió su mano sobre el escritorio diciendo: "Señor Dawson, lo siento, pero creo que después de todo usted y yo no haremos negocios".

Él estaba dispuesto a renunciar a manejar esas propiedades si no podía obtener lo que quería. ¿Qué logró con eso? Ahora estaba en la situación de tener que negociar con él para que aceptara. Por supuesto que él no sabía que estaba tratando con un gran negociador. Fui capaz de hacer que bajara a seis meses el lapso de manejo de las propiedades. Esto es lo que él quería desde el principio. Me agradó eso; siempre hay que pedir más de lo que uno espera obtener, con el fin de establecer un clima en el que la otra persona pueda ganar en la negociación. Lo importante aquí es comunicar a la otra parte que uno está dispuesto a renunciar. Lo que seguramente ocurrirá es lo que sucede en las tiendas de México. Si uno está dispuesto a salir de la tienda, ellos salen corriendo tras de usted.

Los negociadores eficaces saben que aprender a comunicar sutilmente que uno está dispuesto a renunciar es la recomendación más poderosa de todas.

TÓMELO O DÉJELO

No utilice esa terrible expresión: "tómelo o déjelo". Aún las personas de buena voluntad que estarían dispuestas a satisfacer sus demandas pueden arrepentirse si usted la dice. En vez de eso, utilice expresiones más sutiles como:

"Lo siento, pero ese sería mi último precio", o "no podemos apartarnos de los precios de lista".

Una excelente manera de actuar con firmeza sin ser ofensivo es utilizar la recomendación de la autoridad. superior. ¿Quién podría ofenderse si usted le dice: "Quisiera poder ofrecerles algo mejor, pero la gente de la oficina central no me lo permite"?

Cómo responder a "tómelo o déjelo"

Cuando alguien utiliza el categórico método de "tómelo o déjelo" con usted (y puede ser expresado de una forma más sutil, como: "Ese es nuestro precio. No negociamos"), usted tiene tres opciones:

1. Apele a su orgullo. Dígales que su autoridad superior exige concesiones, y que si ellos no modifican su posición, no hay nada

que usted pueda hacer para arreglar el asunto. Puede irse en ese momento, con la esperanza de que ellos lo llamarán.

Antes de considerar una respuesta tan drástica, piense si el otro negociador tiene algo que perder si usted se va. Si se trata del dependiente de una tienda al menudeo quien no recibe comisiones por ventas, probablemente tendrá poco o nada que perder, y lo dejará ir. Yo nunca tuve suerte negociando con comunistas, por ejemplo, porque la ganancia no era un factor que los motivara. Aún cuando intentara sobornarlos, de todos modos no tenían en qué gastar el dinero.

2. Pase sobre su cabeza. Esto no siempre significa exigir ver al jefe o hacer una llamada al jefe para quejarse. Una manera más sutil es preguntar: "¿Quién está autorizado para hacer una excepción a la regla?". Un poco más fuerte sería decir: "¿Le molestaría consultar a su supervisor y ver si puede lograr que él haga una excepción a la regla? Estoy seguro que si alguien puede convencerlo, ese es usted". Aún más fuerte sería: "¿Le molestaría si hablamos con su supervisor con respecto a esto?".

3. Encuentre una manera de convencerlo "por debajo del agua" de que modifique su posición intransigente. Esta es, por supuesto, la manera más deseable de manejar el "tómelo o déjelo". Es especialmente efectivo si el otro negociador tiene algo que ganar si encuentra una manera de superar el estancamiento, como en el caso de estar tratando con el dueño de un negocio, o con alguien que recibe comisión. Diga: "Puedo entender por qué eres tan estricto, pero seguramente si yo estuviera dispuesto a darte un extra, tú estarías dispuesto a hacer una excepción a la regla, ¿no es cierto, Joe?" O puede intentar

esto: "Joe, permíteme preguntarte algo. ¿Cómo podríamos hacerle para que cambiaras tu postura respecto a esto, sólo un poco y sólo por hoy?".

La papa caliente

La papa caliente, es cuando alguien quiere convertir un problema de él en un problema de usted. Es como aventarle una papa caliente en una parrillada. ¿Cuáles son las papas calientes que le avientan? ¿Alguna vez ha escuchado: "Sencillamente se nos acabó el presupuesto"? ¿De quién es el problema de no haber programado adecuadamente el presupuesto para pagarle su producto o servicio? Es problema de ellos, ¿cierto? No de usted. Pero a ellos les gustaría aventárselo y hacerlo de usted.

Si usted es contratista, sus clientes seguramente le han llamado para decirle: "Necesito que termines este trabajo antes. Si no estás aquí mañana a primera hora, todo el proyecto se paralizaría totalmente". ¿De quién es el problema de planeación? De ellos, ¿cierto? No de usted. Pero lo que quieren hacer es aventarle el problema y hacerlo de usted.

Lo que debe hacer es lo que los negociadores internacionales le aconsejarían hacer cuando la otra parte trata de endosarle sus problemas. Al estudiar las negociaciones internacionales, he encontrado que siempre se aplica el mismo principio. Las mismas reglas que aplicaban los negociadores en Ginebra durante las pláticas de control de armamento, las puede aplicar usted cuando la otra parte lo está presionando. Las mismas cosas se aplican, y las mismas respuestas son las apropiadas.

Así es como los negociadores internacionales le aconsejarían responder a la papa caliente: primero, compruebe su validez. Esto es lo que los negociadores internacionales hacen cuando la otra parte trata de endosarles su problema.

Tiene que descubrir inmediatamente si lo que le aventaron es algo que en efecto está poniendo en peligro la negociación. O puede que sea algo que simplemente aventaron a la mesa de negociación para ver su reacción. Esto debe hacerlo de inmediato. Después será demasiado tarde. Si empieza a trabajar en el problema, ellos pronto creerán que es problema de usted, y será demasiado tarde para comprobar su validez.

Si usted es vendedor de alfombras, uno de sus clientes le puede decir: "Puedo gastar hasta $20 por metro cuadrado, y esto es definitivo". Si usted atrapa esa papa caliente en vez de regresarla, probablemente empezará a pensar en reducir sus precios en el acto. Esto si usted asume que lo que le dijeron era definitivo. Pero en vez de eso, compruebe su validez desde el principio, diciendo: "Si tuviera una alfombra que fuera doblemente resistente, y que se siguiera viendo como nueva dentro de cinco años, pero costara sólo 10 por ciento más, le interesaría verla, ¿no es cierto?"

Nueve de diez veces le van a contestar: "Seguro, me gustaría verla", y en ese momento usted sabrá que el precio no constituye el obstáculo que usted pensaba. Otra manera de contrarrestar la papa caliente de "está fuera del presupuesto", es preguntar: "¿Quién tiene autoridad para exceder el presupuesto?" Algunas veces se irá de espaldas al ver lo que sucede. Ellos dirán: "Se necesita la autorización del vicepresidente". Usted dirá: "Usted quiere hacerlo, ¿no? ¿Por qué no llama al vicepresidente y ve si puede obtener su aprobación para exceder el presupuesto?" Él tomará el teléfono, llamará al vicepresidente, y negociará su autorización. Algunas veces es así de simple. Compruebe la validez desde el principio.

ULTIMÁTUMS

Los ultimátums son declaraciones categóricas que pueden asustar al negociador inexperto. Los terroristas tienen secuestrado un avión lleno de rehenes, y dicen a los negociadores que a menos que sus demandas sean satisfechas, empezarán a matar rehenes al mediodía de mañana. Jimmy Carter decía que la peor pesadilla de su presidencia había sido cuando los iraníes que habían tomado rehenes en la embajada de Teherán empezarían a matarlos uno por uno hasta que él satisficiera sus demandas. Un ultimátum es un poderoso elemento de presión, pero como recomendación tiene un grave defecto: si usted dice que va a matar al primer rehén mañana al mediodía, ¿qué es lo que debe estar dispuesto a hacer mañana al mediodía? Correcto. Matar al primer rehén. Porque si a las 12:01 p.m. aún no lo ha hecho, en ese momento ha perdido todo su poder en la negociación.

La misma debilidad aplica en un ultimátum en los negocios. Si usted dice a un proveedor que a menos que él pueda entregar al mediodía mañana, usted irá con la competencia, ¿qué debe estar dispuesto a hacer mañana al mediodía? Ir con la competencia. Porque si el plazo vence y usted aún no lo ha hecho, en ese momento ha perdido todo su poder en la negociación. Uno debe utilizar ultimátums como elemento de presión sólo si está dispuesto a cumplirlos. No alardee, porque todo lo que la otra parte tiene que hacer es esperar a que el plazo se venza para descubrir que usted sólo estaba alardeando, y que no tenía intenciones de cumplir su amenaza.

Cuando entienda el defecto de los ultimátums como elemento de presión, podrá entender fácilmente que la recomendación de respuesta más adecuado es ignorarlo y dejar que el plazo venza. Existen, sin embargo, otras respuestas menos descaradas. Si alguien le pone un ultimátum, tiene cuatro formas de responder, y las suscribo aquí en orden creciente de intensidad.

1. Compruebe el ultimátum tan pronto como pueda. Ellos le dicen que el embarque debe estar ahí mañana al mediodía. Compruebe el ultimátum preguntando si un embarque parcial resolvería sus problemas. ¿Es posible enviar por avión lo suficiente para que la línea de ensamblaje no se detenga, y enviar por barco el resto?

2. Rehúsese a aceptar el ultimátum. Dígales que no sabe si puede cumplir con ese plazo, pero que estén seguros de que usted hará todo lo humanamente posible para hacerlo.

3. Arriesgue al tiempo. El tiempo es la llave del reino cuando una parte amenaza a la otra con un ultimátum. Mientras más tiempo pase sin que ellos cumplan la amenaza, menos probable es que la lleguen a cumplir. La gente que negocia con terroristas arriesga al tiempo. Esto sucede en negociaciones de rehenes en las que los criminales exigen un helicóptero o un automóvil para huir. El negociador de la policía arriesga al tiempo diciendo que necesita la autorización del gobernador, o que el automóvil para huir va en camino, pero que está atascado en el tráfico. Mientras más tiempo pasa, la balanza se inclina dramáticamente en favor de los negociadores.

4. Ignórelos y deje que el plazo del ultimátum se venza. Si le funciona, es la mejor alternativa, porque no sólo resuelve la crisis

inmediata, sino que también deja claro que usted no va a permitir que lo mangoneen en el futuro. Sin embargo, ignorarlos requiere valor, y usted debe evitar hacerlo caprichosamente. Obtenga toda la información que pueda acerca de la situación. Lo más importante es descubrir si algo ha cambiado. Desde que usted firmó contrato con ellos, ¿ha aparecido algún nuevo proveedor que pueda proveerles a tiempo y por menos dinero? Si usted tiene un contrato o una opción de compra, ¿han recibido ellos alguna mejor oferta? Si nada ha cambiado, puede que sea seguro tomar el riesgo. Lo que usted trata de descubrir, por supuesto, es si ellos quieren continuar sus relaciones, o si el ultimátum es una estrategia para deshacerse de usted.

Entender a los jugadores

En las secciones anteriores me he concentrado en cómo jugar el juego de la negociación. Ahora quiero enfocarme a la importancia de entender al otro negociador, y cómo esto es una herramienta importantísima para la negociación eficaz. Cada persona es diferente. Cada una proyecta quién es cuando está negociando. Su personalidad influye en la estrategia que utiliza, en cuáles recomendaciones aplica y cómo los aplica, y determina todo su estilo de negociar.

Recuerde que uno siempre esta tratando con un individuo, no con una organización, aun si está negociando con el jefe de un sindicato de 10,000 miembros. Entiendo que piense que las necesidades de estos miembros son las que dictan las acciones del jefe, pero creo que las razones personales de él son las que guían sus actos. Un secretario de estado puede tener instrucciones precisas del presidente sobre cómo debe llevar a cabo negociaciones internacionales, pero puede que de todos modos sus necesidades personales dominen sus acciones. Entienda a las personas, y con mucha frecuencia dominará las negociaciones.

Dirigiremos nuestra mirada hacia usted, y a repasar las características de personalidad, actitudes, y creencias de los negociadores eficaces, así sabrá si tiene lo que se necesita para ser un negociador eficaz. La gente cree que algunos nacen con las características que los hacen negociadores exitosos. Seguramente ha oído a la gente decir: "Oh, él es un negociador nato". Usted sabe que eso no es verdad. Lo reto a que abra cualquier periódico del país y que me muestre un anuncio que diga: "Un negociador nació hoy en el Hospital San Bartolomeo". No, la gente no nace siendo negociador. El negociar es una habilidad que se aprende. En esta sección le enseñaré cómo sentirse a gusto con cualquier clase de negociador, de modo que pueda identificar a distintos negociadores y sus métodos de obtener lo que quieren. Entonces le enseñaré cómo adaptar su estilo de negociación al de ellos.

LAS CARACTERÍSTICAS DE PERSONALIDAD DE UN NEGOCIADOR EFICAZ

Para ser un negociador eficaz necesita tener o desarrollar estas características de personalidad: el valor para sondear buscando más información, la paciencia para resistir más que el otro negociador, el valor de pedir más de lo que espera obtener, la integridad para favorecer soluciones de ganancia recíproca, y la voluntad de escuchar. En este capítulo analizaremos cada una de éstas en detalle.

El valor para sondear buscando más información

Los negociadores ineficaces siempre están renuentes a cuestionar lo que el otro dice, de modo que negocian sabiendo sólo lo que la otra parte ha decidido decirles. Los negociadores eficaces constantemente ponen en tela de juicio lo que saben sobre la otra parte, y lo que es más importante, las suposiciones que han hecho basándose en esa información. Uno debe adoptar muchos de los métodos que utilizan los reporteros al reunir información.

Haga preguntas difíciles, ésas que usted cree que no van a contestar. Aún si no contestan, obtendrá información al juzgar su reacción ante la pregunta. Formule la misma pregunta a varias personas, para ver si obtiene las mismas respuestas. Formule la misma pregunta varias veces durante una negociación prolongada, para ver si las respuestas son consistentes.

El valor de pedir más

Henry Kissinger dice: "El éxito en la mesa de negociaciones reside en exagerar las demandas". Además de proyectar su disposición a renunciar si no obtiene lo que quiere, no creo que haya otra cosa más importante que entender este principio y tener el coraje de aplicarlo.

A todos en algún momento nos falta valor sencillamente porque tememos al ridículo. ¿Recuerda cuando le enseñé la recomendación para nivelar? Le dije que cuando compre tiene que hacer una oferta muy baja que nivele su objetivo. Luego le dije que cuando esté vendiendo algo, haga su propuesta inicial tan alta que nivele su objetivo real.

Uno debe proponer siempre su posición máxima verosímil. Algunas veces es difícil hacerlo. Sencillamente no tenemos el valor de hacer esas estrambóticas propuestas porque tememos que la otra parte se burle de nosotros. El miedo al ridículo nos impide lograr muchas cosas en nuestra vida. Para ser un negociador eficaz debe superar ese miedo. Debe ser capaz de proponer con tranquilidad su posición máxima verosímil y no disculparse por ella. Le enseñaré más acerca del miedo, cuando hablemos del poder de la coerción.

La integridad para favorecer soluciones de ganancia recíproca

Con frecuencia se sentirá tentado a aprovecharse de un oponente debilitado. Con frecuencia estará en una situación en la que usted sabe algo que si el otro supiera, no estaría tan ansioso de cerrar el trato. Tener la integridad de favorecer una solución de ganancia recíproca, aún cuando usted tiene a la otra parte contra las cuerdas, es una característica tan rara como valiosa. Con esto no quiero decir que haga concesiones costosas sólo por caridad. Lo que quiero decir es que siga buscando maneras de hacer concesiones a la otra parte que no signifiquen una pérdida para usted.

La voluntad de escuchar

Sólo una persona que sabe escuchar puede lograr acuerdos de ganancia recíproca. Sólo alguien que sabe escuchar puede detectar las necesidades auténticas de la otra parte en una negociación. Estos son algunos consejos para saber escuchar cuando esté preparando y llevando a cabo una negociación:

Aumente su concentración pensando en el acto de escuchar como un proceso interactivo. Inclínese hacia adelante. Ladée un poco la cabeza para demostrar que está poniendo atención. Formule preguntas. Muestre reacciones.

Refleje lo que él o ella ha dicho. Evite el aburrimiento jugando juegos mentales. Concéntrese en lo que él o ella está diciendo, no en cómo lo dice. Puede hacer esto buscando la palabra más larga de la oración, o expresando de otra manera lo que se acaba de decir. Ya que uno puede escuchar cuatro veces más rápido de lo que el hablante puede expresar, es necesario que uno haga algo o la mente empieza a vagar.

Aumente su comprensión de lo que se dice tomando notas desde el principio de la conversación. Lleve con usted una libreta grande. Ponga en el encabezado la fecha y el tema, y empiece a tomar breves notas de lo que se dice. El papel es más barato que el tiempo que toma regresar a preguntar los detalles. Esto comunica a la otra persona que le importa lo que está diciendo. Una ventaja extra es que cuando la gente ve que está escribiendo, tiende a ser más precisa en lo que le dice. Evite juzgar a la otra persona hasta que ésta haya terminado. Si usted inmediatamente juzga a alguien como falso, manipulador, o interesado, tiende a provocar su silencio y deja de escucharlo. Espere hasta que él haya terminado para hacer una evaluación.

Aumente su habilidad para evaluar lo dicho pidiendo a la otra persona que presente sus conclusiones primero. Si usted no está totalmente de acuerdo con ella, pídale que las respalde. Mantenga una mente abierta mientras lo hace. Sea consciente de sus propias preferencias y dese cuenta de cómo matizan sus reacciones. Si sabe que no le agradan los abogados, puede evaluar la información con mayor claridad cuando es consciente de que esto hace que desconfíe de la persona que le está hablando.

Tal vez usted no soporte a las personas que tratan de impresionarlo, y rechace automáticamente todo lo que le dicen, sea correcto o no, así que tenga cuidado con esto. Mejora su habilidad para evaluar lo que están diciendo. Aprenda a tomar notas con una libreta de las que tienen una línea a la mitad. En el lado izquierdo escriba los hechos tal como se los presentaron, y en el derecho escriba su evaluación de lo que se dijo.

LAS ACTITUDES DE UN NEGOCIADOR EFICAZ

La disposición a vivir con ambigüedad

El negociador eficaz disfruta la idea de dirigirse a una negociación sin saber si saldrá como un héroe o si saldrá cargando su cabeza con las manos. Esta disposición a vivir con ambigüedad requiere una actitud particular. La gente a la que le gusta la gente se encuentra más cómoda con la ambigüedad. La gente que prefiere los objetos no se siente tan cómoda. Por esta razón los ingenieros, contadores, y arquitectos —los miembros de esas profesiones que dependen de la precisión—, sufren con las negociaciones. A ellos no les gustan sus empujones y empellones. Ellos prefieren tenerlo todo escrito en piedra.

Déjeme hacerle una pequeña prueba para medir su disposición a vivir con ambigüedad. Si va a una fiesta, ¿quiere saber primero a quién es probable que se encuentre ahí? Si su cónyuge lo lleva a cenar con amigos a un restaurante, ¿usted quiere saber exactamente a cuál restaurante van a ir? ¿Le gusta planear sus vacaciones con todo detalle? Si contestó que sí a estas tres preguntas, usted tiene problemas graves con la ambigüedad. Para convertirse en un mejor negociador le sugiero que se obligue a experimentar situaciones en las que no sepa exactamente cuál va a ser el resultado.

Un espíritu competitivo

Los buenos negociadores tienen un intenso deseo de ganar cuando están negociando. Considerar la negociación como un juego es en gran parte lo que hace que uno sea bueno en ella. Es divertido caminar hacia la arena y medir nuestras habilidades con las de otro.

Siempre me sorprende que los vendedores puedan ser tan competitivos en los deportes y tan cobardes cuando se trata de manejar compradores. Puede que a un vendedor le guste jugar raquetbol y que concerte un juego temprano en la mañana con un comprador inmediatamente antes de hacerle una presentación. En la cancha de raquetbol hará todo lo que pueda, dentro de las reglas del juego, para vencer al comprador. Después, toman un baño y se dirigen a la oficina a negociar la venta, y en el momento en que el comprador menciona el precio, el vendedor se desploma y siente que está a merced de aquél.

Mientras más piense en la negociación como en un juego, más competitivo se volverá. Mientras más competitivo se vuelva, se volverá más valiente, y se desempeñará mejor.

No tener la necesidad de ser apreciados

Los negociadores eficaces no se hallan restringidos por la necesidad de ser apreciados. Abraham Maslow es famoso por su pirámide de necesidades humanas, que clasificaba nuestras necesidades en: 1) sobrevivencia, 2) seguridad (la necesidad de asegurar la continuidad de nuestra sobrevivencia), 3) social (la necesidad de ser apreciado por otros), 4) autoestima (la necesidad de ser respetado por otros), y 5) autorrealización (la necesidad de sentirse realizado).

Los negociadores eficaces están más allá del nivel tres la mayor parte del tiempo. Ellos han superado la necesidad de ser apreciados. La negociación es, casi por definición, el manejo de conflictos o por lo menos de puntos de vista opuestos. Las personas que tienen una exagerada necesidad de ser apreciadas no serán buenas negociadoras, pues tienen demasiado temor al conflicto.

¿Significa esto que los buenos negociadores son gente despiadada que gana porque no le importa si la otra persona está perdiendo? No, de ninguna manera. Significa que lo más importante para ellos es seguir trabajando en el problema hasta encontrar una solución satisfactoria para todos.

LAS CREENCIAS DE UN NEGOCIADOR EFICAZ

La negociación siempre es un asunto bilateral

La negociación eficaz siempre es un asunto bilateral. La presión para ceder en una negociación siempre está sobre la otra persona tanto como sobre usted. Por ejemplo, cuando usted entra a un banco a pedir un préstamo para negocios, puede sentirse muy intimidado. Uno tiende a ver ese enorme banco y a decir: "¿Por qué este gran banco querría prestarme a mí, pobre diablo?" Uno pierde de vista la presión que está puesta en el otro lado. Este banco gasta millones de dólares al año en publicidad para atraerlo a usted a pedir un préstamo. Hay una tremenda presión en el banco para obtener esos depósitos en la forma de préstamos. Mucha gente en ese banco tiene empleos que dependen de que otorguen préstamos.

Un buen negociador aprende a compensar mentalmente el hecho de que siempre pensamos que llevamos la peor parte en la negociación. Así, mientras camina resueltamente hacia el escritorio del ejecutivo encargado de los préstamos, piensa para sí: "Apuesto que este ejecutivo acaba de recibir de su jefe una tremenda regañiza: 'Si no consigues a alguien a quien hacer un préstamo hoy, no te vamos a necesitar más por aquí'".

¿Recuerda alguna vez en la que un empleado valioso haya ido a pedirle un aumento? ¿Qué es lo que usted piensa mientras está ahí sentado? Usted piensa: "Espero que no lo perdamos a causa de esto. Ha trabajado muy bien todos estos años. Tiene mucha habilidad en lo que hace. No tengo idea dónde podría encontrar un reemplazo".

Él probablemente está sentado ahí pensando: "Espero que esto no afecte mi proyecto de carrera en esta compañía. Ellos han sido muy buenos conmigo durante todos estos años. Tal vez no debería presionar tanto. Él ha sido muy amable conmigo". Ambos están ahí sentados pensando que llevan la peor parte en la negociación. Los negociadores eficaces aprenden a compensar eso mentalmente.

¿Por qué sucede esto? Porque cada parte sabe qué presiones tiene, pero no sabe qué presiones tiene la otra. Por esta razón cada una normalmente piensa que lleva la peor parte.

No crea cuando un cliente potencial le diga: "Tengo media docena de otras personas que lo harían por menos dinero e igual de bien". No lo crea. Algo trajo a la otra parte a la mesa de negociación. El cliente tiene presiones, igual que usted. En el momento en que entiende esto, y lo compensa, usted se convierte en un negociador más poderoso.

La negociación se juega obedeciendo a un conjunto de reglas

La segunda creencia que hace de usted un buen negociador es que el juego de la negociación se juega obedeciendo a un conjunto de reglas, tal como el ajedrez. Tal vez cuando leyó algunos de las recomendaciones en la sección 1, usted pensó: "Roger, tú no conoces a la gente con la que tengo que tratar en mis negocios. Ellos hacen ver a Atila el Huno como si fuera Ann Landers. Nunca van a tragarse esas cosas".

Lo entiendo, pero quiero que tenga fe en mí hasta que haya tenido oportunidad de probarlos. Mis alumnos repetidamente me dicen: "Nunca creí que funcionara, pero funcionó. Es sorprendente". La primera vez que se estremezca, "rasque", o utilice la "técnica del torno", y salga de la negociación con $1,000 en el bolsillo más de los que esperaba obtener, se convertirá en un creyente también. Si aprende bien las reglas, podrá jugar bien el juego.

"No" es sólo una posición inicial para negociar

Para los negociadores eficaces la palabra *no* nunca es una negativa, sino sencillamente una posición inicial para negociar. Recuerde esto la próxima vez que lleve una propuesta a alguien, tal vez a su jefe o a un cliente potencial, y él en un arranque de ira le diga: "¡Otra vez tú y tus locas ideas! ¿Cuántas veces tengo que decirte que no lo vamos a hacer? Sal de mi oficina y no me hagas perder mi tiempo". Cuando esto ocurra, recuerde que un negociador eficaz no lo toma como una negativa (aunque sé que es algo muy cercano), lo toma como una posición inicial para negociar. Él piensa para sí: "¡Qué posición inicial tan interesante! Me pregunto por qué decidió iniciar con ese enfoque".

Sus hijos saben bien esto, ¿no? Usted puede decir a su hijo: "¡Estoy harto de escuchar esto! ¡Ve a tu cuarto! ¡No quiero verte hasta mañana! ¡Y si vuelves a mencionarlo, te encerraré por un mes!" ¿Lo toman como una negativa? ¡No! Ellos están pensando en su cuarto: "¡Qué posición inicial para negociar tan interesante!".

El poder de influir sobre la otra parte

Poder, control, influencia. Este es el meollo de toda situación interpersonal, ¿no es cierto? En la negociación, la persona con mayor influencia o poder obtendrá la mayor parte de las concesiones. Si usted permite a otras personas manipularlo e intimidarlo, es culpa de usted si no está obteniendo lo que quiere de la vida. Si, por otra parte, aprende las cosas que pueden influir a las personas, y cómo utilizar y contrarrestar métodos específicos, podrá tomar el control sobre cualquier situación.

La influencia sobre la otra parte es un tema tan importante para la negociación eficaz, que voy a dedicarle toda esta sección.

En cualquier negociación una persona siempre siente que es el intimidador o el intimidado. Uno siempre siente que tiene el control sobre la otra persona o bien que la otra persona tiene control sobre uno. En esta sección voy a explicarle de dónde viene ese sentimiento y cómo manejarlo.

En un seminario en Iowa un hombre se me acercó y me dijo: "Roger, mi esposa tomó su curso de negociación eficaz, y yo nunca había visto en mi vida un cambio de personalidad como el que se produjo en ella. Tiene un pequeño negocio propio, y no le estaba yendo muy bien. Pero una vez que estudió el poder personal y las recomendaciones para negociar, es asombrosa ver la diferencia. Se convirtió en un tigre, y en verdad levantó el negocio".

Siempre me he sentido fascinado por las cosas que provocan que una persona sea influida por otra, y en la última década me he concentrado en estudiar el poder personal. Gracias a esto he sido capaz de determinar con precisión las cosas que nos da poder sobre otra persona. En toda situación en la que una persona ejerce control sobre otra, uno o más de estos factores entran en juego. Ya sea que se trate de un sargento instructor hostigando a un soldado raso en el campo de entrenamiento, o de un padre tratando de mantener el control sobre un hijo rebelde, siempre se estará aplicando uno o más de estos factores básicos de poder.

El poder se ha granjeado una mala reputación, ¿no es así? En una carta a Bishop Creighton, lord Acton decía: "El poder tiende a corromper, y el poder absoluto corrompe absolutamente". Charles Colton dijo: "El poder intoxica los mejores corazones, tal como el vino intoxica las cabezas más fuertes. Ningún hombre es los suficientemente sabio, ni lo suficientemente bueno, como para confiarle un poder ilimitado". Sin embargo, yo no creo que el poder sea inherentemente malo. Lo que corrompe no es el poder, ¿cierto? Es el abuso del poder. Uno no puede decir que el agua es mala porque ocasionalmente hay inundaciones y la gente muere. Uno no puede decir que el aire es malo porque ocasionalmente hay huracanes y muchas cosas son destruidas. Entonces no es el poder. Es el abuso del poder lo que corrompe. Hay un tremendo poder en las olas del océano, y aún así cada día cientos de surfistas están ansiosos de viajar en sus altas crestas. La electricidad tiene el poder de alumbrar la habitación de un niño en la noche y el poder de electrocutar a un asesino condenado. El poder en sí es independiente del uso que se haga de él. El Papa tiene poder sobre millones de personas, y también lo tuvo Adolfo Hitler. Como dijo Bernard Shaw: "El poder no corrompe al hombre; los tontos, sin embargo, si llegan a una posición de poder, corrompen al poder".

El poder puede ser una fuerza muy constructiva. Cuando hablo de poder no me estoy refiriendo a la crueldad sin sentido de un dictador de la política o de los negocios. Me refiero sencillamente a la habilidad para influir a otras personas.

Lo que voy a presentar en esta sección son las cosas que la gente puede hacer cuando está negociando con usted para hacerlo ceder primero en la mesa de negociaciones. Por supuesto estas cosas son también las que le pueden dar a usted poder sobre la otra parte. ¿De dónde sale esta habilidad? De uno o más de estos ocho elementos.

EL PODER DE LA LEGITIMIDAD

El poder de la legitimidad es ostentado por cualquiera que tenga un título. Creo que estará de acuerdo que uno siempre está un poco más intimidado por alguien que tiene un título de vicepresidente o doctor, que por alguien que no tiene título alguno. Obtenemos poder de legitimidad instantáneamente, porque se nos otorga al momento en que se nos confiere el título.

Por ejemplo, al momento en que el primer magistrado tomo juramento al Presidente de Estados Unidos de América, el Presidente recibe todo el poder de la presidencia, independientemente de cualquier poder personal que haya existido momentos antes. Lo que un Presidente hace con ese poder desde ese momento hace toda la diferencia. Lograr un equilibrio entre presentarse como Presidente y presentarse como una persona común y corriente, cercana a la gente, es algo difícil de hacer. Cuando el presidente Carter llevó él mismo su equipaje a la Casa Blanca, empezó rechazando su poder de legitimidad. Renunció aún más al poder de la legitimidad cuando apagó la calefacción en la Casa Blanca para ahorrar energía.

Tal vez el simbolismo de estar dispuesto a compartir la carga de la crisis de energía era suficiente bajar la temperatura. Sin embargo ninguno de nosotros esperaba que la primera dama tuviera que escribir sus propias cartas con los guantes puestos para mantener sus manos calientes, como su esposo la forzó a hacer. El uso de limusinas, banquetes de estado y viajes en helicóptero a Camp David por parte del presidente Reagan, restituyó a la presidencia el poder de legitimidad.

Los títulos influencian a las personas, así que si usted tiene un título, no tenga miedo de usarlo. No se avergüence de ponerlo en sus tarjetas de presentación y en su placa. Si el título en sus tarjetas de presentación dicen "Vicepresidente", ya tiene una cabeza de ventaja sobre alguien cuya tarjeta dice "Representante de ventas". Cuando dirigí la compañía de bienes raíces, hacía que los agentes que "cultivaban" un territorio pusieran "Gerente de área" en sus tarjetas. (*Cultivar* significa que ellos tenían asignada un área de 500 casas, y que debían tocar de puerta en puerta y enviar folletos informativos a los dueños de las casas para establecerse como especialistas en esa zona). Ellos me dijeron que tener el título "Gerente de área" en sus tarjetas provocaba cambios dramáticos en la manera en que las personas los recibían.

El poder de legitimidad también le aconseja que, si es posible, debe hacer que ellos vayan a negociar a su territorio, en vez de en el de ellos, donde sus símbolos de poder los rodean. Si los lleva a algún lugar, que siempre sea en el auto de usted, pues eso le da más control. Si los va a invitar a comer, el restaurante debe ser elección de usted.

Estas son cinco pequeñas cosas que los negociadores eficaces pueden hacer para construir su poder de título:

1. Utilice su título si tiene uno. Si no tiene título, vea si lo puede conseguir.

2. Utilice sus iniciales. Por ejemplo, preséntese como J.R. Doe en vez de como John Doe. Las personas que no lo conozcan deberán llamarlo señor Doe en vez de llamarlo por su nombre de pila.

3. Si es posible, negocie siempre en su propia oficina, en su ambiente, en vez de en el de ellos. De ese modo usted estará en su base de poder, rodeado por los símbolos de su título.

4. Siempre use su automóvil cuando esté negociando con la gente; no deje que ellos manejen. Los agentes de bienes raíces siempre hacen esto, ¿no? Cuando estén en su carro, usted tendrá control sobre ellos.

5. Contrate una secretaria que haga y reciba sus llamadas. Personalmente no me gustan las secretarias que hace llamadas en nombre de alguien, pero ello confiere poder de legitimidad.

Otras formas del poder de legitimidad

Hay otras formas del poder de legitimidad. Posicionarse en el mercado es una forma del poder de legitimidad. Si usted puede decir que su compañía es la más grande o la más pequeña, si puede decir que es la más antigua o la más nueva; entonces tiene el poder de legitimidad. Puede decir que es la compañía que abarca más o la más especializada. Puede decir a la gente que es nuevo y que por lo tanto se está esforzando más, o puede decir que ha estado en el negocio 40 años. No importa de qué manera se posicione. Cualquier clase de posicionamiento le da poder de legitimidad.

El respeto por las leyes es una forma de poder de legitimidad. Algunas personas acatan la ley sólo por miedo al castigo, pero la mayoría de nosotros también respetamos la ley y la acatamos por el hecho de respetarla. Prácticamente no existen posibilidades de que nos metamos en problemas si manejamos sin licencia, pero la mayor parte del tiempo nos preocupamos por traerla en el bolsillo. Es muy difícil hacer más estrictas las leyes sobre el uso del cinturón de seguridad, pero yo empecé a usar el mío cuando se aprobó en California una ley al respecto, sólo porque me precio de ser una persona que respeta la ley. ¿Es usted de los que a media noche pasan zumbando bajo las luces rojas si no hay nadie alrededor? Probablemente no, porque somos conscientes del beneficio que implica que todos obedezcamos las leyes de tránsito sin cuestionarlas.

La tradición es una forma del poder de legitimidad (hasta principios de siglo se pensaba que la tradición y la ley eran las únicas influencias importantes en el comportamiento de las personas). Si usted puede establecer en la mente de la otra persona que usted ha estado haciendo algo por mucho tiempo, puede llegar a convencerlo de que es válido.

Un procedimiento establecido es otra forma del poder de legitimidad. "Siempre lo hemos hecho de este modo" tiene poder. Esta es la razón por la cual las etiquetas de precios tienen poder de legitimidad. Porque dicen: "Así es como funciona. Nosotros etiquetamos la mercancía. Usted elige lo que quiere y lo lleva a la caja registradora. Nosotros le cobramos lo que dice la etiqueta". Sólo por este procedimiento establecido, pocas personas cuestionan los precios de etiqueta en este país.

Por el contrario, el procedimiento en un lote de autos se ha establecido de diferente manera. "Usted ve el precio y entonces nos hace una oferta". Aún la gente que odia regatear seguirá el procedimiento. Los negociadores eficaces saben usar "contratos estándar" para que la otra persona haga lo que ellos quieren. "Este es nuestro contrato estándar, es el que todos firman", es sólo una forma de transmitir el poder del procedimiento, que es una forma del poder de legitimidad.

El primer elemento de poder personal es el poder de legitimidad, que ostenta cualquiera que tenga un título, que se ha posicionado en el mercado, o que ha proyectado que existe una manera establecida de hacer las cosas.

El poder de legitimidad como factor de intimidación

Por otro lado, cuando negocie con otras personas, no se deje intimidar por un título. Todos tendemos a sentirnos más intimidados por alguien que es vicepresidente de un banco o presidente de una corporación, que por alguien que no tiene un título. Por ejemplo, imagine que usted está buscando un automóvil de una marca y un modelo específico.

Un día, en el estacionamiento de un campo de golf, usted encuentra el auto que ha estado buscando, y tiene un anuncio de "se vende" en la ventana. Mientras escudriña la ventana del conductor tratando de ver el kilometraje, el dueño se acerca. Le dice que lo está vendiendo por $10,000. A usted le parece un poco caro, pero le promete pensarlo y llamarlo. Él garabatea su nombre y su teléfono en un pedazo de papel, y le dice que lo llame a su oficina si está interesado.

Usted determina que le encantaría tener ese auto, si pudiera pagar por él $6,000 o $7.000. Entonces lo llama y le dice: "Quiero hacerle una oferta por el auto. ¿Cuándo podemos vernos?"

"Esta semana estoy muy ocupado", le responde. "Pero mi oficina está en el centro. Si usted gusta venir aquí, le podría dar unos minutos". Usted localiza el edificio, y el directorio del vestíbulo lo lleva al piso 24, donde una secretaria lo guía a una suite en un penthouse a través de puertas con grandes letreros grabados en oro que dicen: "Presidente".

Dentro de la enorme oficina, las paredes están cubiertas con placas y diplomas, todos ensalzando los éxitos y logros del hombre detrás del escritorio, el mismo hombre que conoció en el estacionamiento del campo de golf. Él se pone de pie cuando usted entra, estrecha su mano, y regresa a su conversación, invitándole con señas a sentarse en una silla frente al escritorio. Está hablando de vender algunas acciones en la bolsa Suiza, y al parecer es un trato multimillonario. Finalmente él cuelga el teléfono, sonríe, y le dice: "Y bien, ¿qué tenemos con respecto al auto? No me va a pedir que baje mi precio, ¿verdad?".

¿Cómo se siente ahora respecto a presentar su oferta de $6,000? Probablemente está tan intimidado que querrá disculparse cortésmente diciendo que ha decidido no comprar el automóvil, o dirá: "Me lo vendería por $9,000, ¿no es cierto?". En ese momento tal vez desearía estar comprando el auto a un obrero.

¿Qué tiene que ver la posición del vendedor con el valor que usted le dio al auto? Absolutamente nada. Si el carro vale $6,000 o $7,000 para usted, vale lo mismo ya sea que lo esté comprando a la persona que pone las tapas a los tubos de pasta dentífrica o al Presidente de Estados Unidos de América.

De hecho, si analiza más la situación, usted ha dado por hecho que este presidente de empresa no estaría dispuesto a aceptar una oferta menor porque no tiene ninguna presión para vender su auto. Esto puede ser erróneo. Puede que él esté dispuesto a aceptar menos dinero porque no lo necesita, o porque no quiere invertir mucho tiempo vendiendo el auto. Por otra parte, ese obrero puede estar bajo presiones financieras y necesitar cada centavo del precio que pide. No deje que un título lo intimide a tal punto que pierda de vista otros factores que pueden ser fundamentales al momento de considerar qué precio va a ofrecer.

EL PODER DE LA RECOMPENSA

El segundo elemento del poder personal es el poder de la recompensa. Los negociadores eficaces saben que si es capaz de convencer a las otras partes involucradas en la negociación de que los va a recompensar, esto le confiere el poder de influenciarlos. Desgraciadamente, muchas personas que están tratando de vender su producto o servicio nunca desarrollan la suficiente confianza en ellos mismos como para proyectar a la otra parte de que el comprador va a ser recompensado. Estas personas piensan que el comprador es el que los está recompensando al hacerles un pedido.

Si su empresa ha crecido hasta el punto donde usted ha delegado la responsabilidad de seleccionar cuál trabajador hace qué trabajo, también ha delegado su poder personal. Algunos presidentes cederán poder a su director de personal al darle el derecho de manejar las promociones y los aumentos. Esto le da el control al director de personal.

El poder de la recompensa adopta varias formas. El dinero es la más obvia, pero hay muchas más. Otras formas del poder de la recompensa son: elogiar a la otra persona, perdonar a la otra persona, el poder de asignar títulos (gerente, vicepresidente, capitán), la autoridad para asignar trabajo o fechas de vacaciones, y hacer recomendaciones a otros que tienen poder.

Si vende un producto o servicio, debe estar convencido de que usted es el mejor en el negocio. Después de saber cómo convencer a sus clientes de ello. Que usted es la mejor opción. Si usted está dispuesto a jugarse su reputación y experiencia, y la reputación y experiencia de su empresa, para resolver los problemas de sus compradores, entonces ellos no lo están recompensando a usted. Usted los está recompensando.

Por supuesto no puede llevar esta actitud muy lejos, pues fácilmente se convertiría en arrogancia, pero no se vaya al otro extremo pensando que sus clientes son los que lo recompensan haciéndole un pedido. He oído hablar de vendedores que ruegan a un comprador que les dé aunque sea una pequeña parte de las operaciones de la compañía. ¿Puede creerlo? ¿No pareciera un perro pidiendo las sobras de la comida? Cuando esté convencido de que está recompensando al comprador, y no lo contrario, sentirá la confianza suficiente para pedir todos los contratos.

Tómese un momento y anote rápidamente tres razones por las cuales alguien con quien negocia sería recompensado por tratar con usted. Si se dedica a las ventas, piense en las razones por las cuales escogerlo a usted sobre uno de sus competidores recompensaría a la otra parte. Si está solicitando un empleo o una promoción, piense en tres formas en las que escogerlo a usted recompensaría a esa compañía.

Me pregunto si una de las razones que tiene es: "Porque se trata de mí". Esa debe ser la razón principal para que lo elijan y no a su competidor. No por la calidad del producto o servicio que vende, sino porque se trata de usted. Para proyectar exitosamente el poder de la recompensa, debe agregar valor al producto o servicio; ellos deben encontrar valor en comprarlo de usted. Probablemente tenga alguna competencia legítima en su campo, compañías que pueden vender el mismo producto a un precio muy competitivo. La diferencia tiene que ser usted. Su conocimiento del producto o servicio. Su conocimiento de los problemas y las oportunidades de ellos. Su habilidad para resolver creativamente estos problemas y aprovechar esas oportunidades.

Me pregunto cuántos competidores tiene usted en su campo. ¿Dos, tres, tal vez media docena? ¿Sabe cuántos competidores tengo yo como conferencista profesional? Hay 3,500 miembros en mi asociación, la National Speakers Association. Siempre que soy contratado para una conferencia hay otros 3,499 conferencistas con los que tuve que competir por el privilegio de estar enfrente de esa audiencia. Los planificadores de congresos me dicen: "Roger, con toda esa competencia, ¿cómo puedes cobrar tanto?" Yo les contesto: "¡Porque soy bueno!". Esto puede sonar muy arrogante y egoísta, pero usted debe tener esa confianza en lo que hace. Necesita tener la confianza de que lo que hace lo hace mejor que cualquier otro.

El poder de la recompensa como factor de intimidación

Los negociadores eficaces saben que cada vez que usted considera a alguien capaz de recompensarlo, en ese momento le ha dado el poder de intimidarlo. Si cree que el comprador lo está recompensando haciéndole un pedido, le ha dado el poder de intimidarlo. Esta es la razón por la cual uno se siente más intimidado cuando está haciendo una gran venta que cuando está haciendo una más pequeña. La recompensa potencial es mayor, y eso lo hace sentir intimidado. Por supuesto que esto es totalmente subjetivo, ¿no? Cuando uno está empezando, se puede tener ese sentimiento de recompensa con respecto a una venta de $1,000 dólares. Más tarde será necesaria una venta de $100,000 para provocarlo.

Cuando la otra parte empiece a utilizar el poder de la recompensa con usted, identifíquelo y no permita que lo intimide. Algunas personas son maestros absolutos para usar el poder de la recompensa. Cuando le piden una concesión, casualmente acaban de mencionar que hay un gran proyecto la semana siguiente para el cual usted puede ser candidato, o pueden hablarle de su yate en el muelle, o de su cabaña de esquiar en las montañas.

No hace falta que le digan que si hace el negocio con ellos, usted podrá usarlos, es sólo una insinuación utilizando el poder de la recompensa. No permita que lo haga sentirse molesto, pero identifíquelo como lo que es y no permita que lo haga cometer errores en la negociación.

Una vez que reconoce el poder de la recompensa y entiende qué es lo que ellos intentan hacer, las posibilidades que ellos tenían de controlarlo se desvanecen, y usted adquiere mayor confianza en sí mismo como negociador.

El poder de la coerción

La cara opuesta del poder de la recompensa es el poder de la coerción. Cuando considera que alguien es capaz de castigarlo, él tiene poder sobre usted. Usted sabe lo mal que se siente cuando un oficial nos detiene al lado del camino, se para ahí, y puede ponerle o no ponerle una multa. Ésta puede no ser muy grande, pero el grado de intimidación sí lo es.

Es difícil para nosotros pensar en utilizar el poder de la coerción en otras personas, pero éste siempre está presente en cualquier negociación. Si le pide al dependiente en una tienda que reciba una devolución y le dé un reembolso, tanto el poder de la recompensa como el poder de la coerción influenciarán la decisión de ese dependiente. Si él le da el reembolso amablemente, usted lo recompensará agradeciéndole, y será una experiencia agradable. Si él se rehúsa a darle el reembolso, puede molestarse y será una experiencia desagradable.

Estas son otras formas del poder coercitivo: el poder de ridiculizar o avergonzar, el poder de afectar una reputación al revelar un secreto, el poder de provocar dolor emocional sacando a colación experiencias dolorosas, asignando tareas difíciles o dolorosas, el poder de hacerle perder su tiempo, hacerle repetir una tarea, o tomar una clase otra vez, y el poder de limitar su futuro.

Analicemos cómo los negociadores eficaces manejan conjuntamente el poder de la recompensa y el poder de la coerción para crear una poderosa fuerza de influencia. Los padres utilizan el poder de la recompensa y el poder de la coerción con sus hijos. "Si vas a la cama ahora, te leeré un cuento. Si no te comes las zanahorias, no podrás ver televisión". Los vendedores enfatizan los beneficios a sus clientes para persuadirlos de comprar, e insinúan los peligros de no invertir. "Esta inversión hará maravillas por su balance final. Hágalo ahora, antes que la competencia se le adelante".

Los gerentes utilizan el método de la zanahoria y el palo para motivar a sus empleados. "Haz un buen trabajo con esto y quedarás muy bien. Escucha bien, Joe. No vayas a estropear esta". Los políticos lo utilizan para mantener el equilibrio de la paz mundial. "Mantengan un gobierno democrático y nosotros les daremos el estatus de país favorecido. Si se meten con nosotros, tenemos 10,000 ojivas nucleares listas para ser disparadas en 15 segundos".

En cualquier caso de persuasión, los elementos de recompensa y castigo están siempre presentes. Imagine que su automóvil está en el taller. Ahí le dicen que no estará listo sino hasta mañana, pero lo necesita esta noche. Hágales saber detalladamente lo que piensa.

¿Qué es lo que pasa por la mente del encargado del taller mientras lo escucha? Si él satisface sus requerimientos, usted lo recompensará con su gratitud y un trato cálido. Si no, él se da cuenta de que la situación se tornará desagradable. Los negociadores eficaces entienden estos dos elementos y saben como aplicarlos hábilmente.

Las personas que no entienden la negociación eficaz utilizan uno de los elementos, pero no el otro. Ellos amenazan con el poder de la coerción, pero no entiende que puede ser mucho más poderoso cuando se combina con el poder de la recompensa. Seguramente ha visto a personas que cometen este error. Cuando el auto no está listo, los negociadores ineficaces se enfadan e intentan forzar a la otra persona a capitular en contra de sus deseos. "Si mi auto no está listo a las 5 p.m., los voy a demandar por el monto de todo lo que tienen. Voy a hacerme el dueño de este lugar". Aplicar tácticas de temor es un persuasivo efectivo, pero frecuentemente se hace tan rudamente que sale el tiro por la culata. Entonces, si la otra parte cede, frecuentemente agravan el error alardeando su victoria. Los negociadores eficaces saben que la aplicación sutil del poder de la recompensa y el poder de la coerción juntos es mucho más efectiva. Ellos insinúan que la situación se tornará desagradable si no obtienen lo que quieren. Cuando la otra parte parece que va a ceder, ellos rápidamente cambian al poder de la recompensa mostrando su gratitud. "Maravilloso. En verdad se lo agradezco. Es usted muy amable".

Tómese un momento y anote rápidamente tres razones por las cuales alguien con quien negocia sería afectado por no cerrar un trato con usted. Si se dedica a las ventas, piense en las razones por las cuales elegir a uno de sus competidores afectaría a un cliente. Si está solicitando un empleo o una promoción, piense tres maneras en las que elegir a alguien más afectaría a la compañía.

Me pregunto si una de las razones que tiene es: "Porque no se trata de mí". Esa debe ser la razón principal por la cual deben evitar elegir a su competidor en vez de a usted. No por la calidad del producto o servicio que vende, sino porque si hacen eso lo perderán a usted. Para proyectar exitosamente el poder de la coerción, debe agregar tanto valor al producto o servicio que ellos teman no comprarlo de usted. Tal como con el poder de la recompensa, la diferencia tiene que ser usted. Su conocimiento del producto o servicio. Su conocimiento de los problemas y las oportunidades de ellos. Su habilidad para resolver creativamente estos problemas y aprovechar esas oportunidades.

¿Recuerda cuando hablamos de nivelar? Le dije que debe hacer su propuesta inicial tan alta que nivele su objetivo real. A veces hacerlo puede intimidarlo. Uno simplemente no tiene el valor de hacer esas exorbitantes propuestas, porque teme que la otra parte se burle. En mi libro *The 13 Secrets of Power Performance* (Prentice Hall, 1994), le di la respuesta a esto. Debe imaginar lo que más teme, y hacerlo. Tal como con el poder de la recompensa, la respuesta reside en la experiencia. Aunque un hombre de negocios neófito puede ponerse nervioso con una negociación de $1,000, un hombre de negocios más experimentado tomará con filosofía el perder una negociación de $100,000. Aunque un vendedor principiante puede temer perder una venta de $1,000, el vendedor experimentado no dejará que la pérdida de una venta de $100,000 lo intimide.

Los vendedores principiantes siempre tienen problemas con el poder de la recompensa y el poder de la coerción. Cuando hacen llamadas de ventas por primera vez, ellos creen que cada comprador es capaz de recompensarlos haciéndoles un pedido, o de afectarlos si les dicen que no, o peor aún, de ridiculizarlos por lo que acaban de proponer. Una vez que han hecho esto un tiempo, pueden reconocer que las ventas son un juego de números igual que cualquier otra cosa. Si están trabajando duro y hablando a muchas personas, siempre habrá un alto porcentaje de ellas que les dirán que no. Una vez que entienden que se trata de un juego de números, su percepción de que las personas pueden recompensarlos o afectarlos se desvanece, y se vuelven más seguros de sí mismos en lo que hacen.

El otro lado de la moneda es, por supuesto, el poder de la coerción. Siempre que usted tenga la idea de que una persona es capaz de afectarlo, esa persona tiene poder sobre usted.

En resumen, siempre que tenga la idea de que alguien es capaz de coaccionarlo, esa persona tiene el poder de intimidarlo; una de las más grandes fuerzas de coerción que conocemos es el poder de avergonzar a las personas ridiculizándolas. Entienda y siéntase cómodo utilizando el poder de la coerción. Sea que lo apruebe o no, éste siempre está presente en la negociación, y su habilidad para utilizarlo eficazmente es fundamental para su éxito como negociador.

EL PODER DEL RESPETO

El cuarto elemento de poder personal es el poder del respeto. Este poder lo tiene la persona que tiene un conjunto de valores consistente. Un ejemplo obvio son los líderes religiosos como el Papa, Billy Graham o Robert Schuller. Pat Robertson fue capaz de hacer una carrera presidencial seria porque enunció una idea: puedes confiar en mí porque tengo un conjunto de valores y no voy a desviarme de él. John F. Kennedy tenía el poder del respeto. Cuando hablaba de la estafeta del poder pasando a una nueva generación nacida en este siglo, y cuando hablaba de la nueva frontera, estaba proyectando que creía en algo, que tenía un conjunto de valores consistente.

El presidente Clinton no tiene el poder del respeto. Lo conocí en la Casa Blanca, y puedo decir que es una persona carismática y brillantemente inteligente que trabaja arduamente. Su problema es que parece vacilar ante problemas complicados. Uno nunca sabe si él tendrá el coraje suficiente para mantenerse firme en algo si las cosas se complican.

La falta del poder del respeto fue la perdición del presidente Carter. Él era uno de los presidentes más amables, morales y éticos que hemos tenido. También era uno de los hombres más trabajadores que han ocupado la Casa Blanca, y probablemente era de los más inteligentes (se especializaba en física nuclear). Sin embargo perdió su habilidad para influenciar porque vacilaba en varios asuntos. Nunca sabíamos si iba a ser lo suficientemente fuerte para perseverar si las cosas se complicaban.

Por ejemplo, su manejo de la visa del Sha de Irán. Sha Reza Pahlavi estaba viviendo en el exilio en su hermosa villa en la bahía de Acapulco. Enfermó seriamente y pidió una visa para venir a Estados Unidos de América para recibir tratamiento médico. Primero Carter dijo no, temiendo repercusiones de Irán. Después cambió de opinión y aprobó la visa para que el Sha pudiera recibir en Nueva York un tratamiento contra el cáncer. Cuando esto provocó en Irán oleadas de protestas contra los estadounidenses, que incluían militantes estudiantes tomando rehenes en nuestra embajada, Carter cambió de opinión otra vez, e hizo que el Sha se mudara a Panamá para tranquilizar la situación. No creo que Ronald Reagan hubiera hecho eso. Reagan hubiera tomado una decisión, de una forma u otra, y la hubiera sostenido.

Tome como ejemplo la decisión de Reagan de negar a Yasir Arafat una visa cuando las Naciones Unidas invitaron al líder de la OLP a asistir a su asamblea general en Nueva York. ¿Cómo reaccionaría usted si los votos fueran 150 contra 2 en las Naciones Unidas, y uno de los dos fuera el suyo? Entonces las Naciones Unidas deciden trasladar toda la asamblea a Ginebra para sortear su decisión. ¿No lo reconsideraría? ¿No pensaría: "Creo que fui demasiado lejos"? No. Usted toma una decisión y la mantiene, porque proyectar el poder del respeto es el factor de influencia más poderoso que tiene a su favor.

Ronald Reagan era brillante proyectando el poder del respeto. Pudo salir airoso de varias situaciones delicadas gracias a ello. En este país tenemos una ley que prohíbe a nuestros funcionarios de gobierno ordenar el asesinato de otro gobernante. Reagan se salió con la suya al ordenar a nuestra fuerza aérea que arrojara una carga de 6,000 bombas sobre la tienda de Muammar al-Qaddafi, y nosotros lo amamos por ello. ¿Por qué? Porque estaba actuando coherentemente. Nos había dicho que él era ese tipo de persona, y actuó de acuerdo a esa imagen. Por otra parte, el punto más bajo de la popularidad de Reagan fue cuando parecía que había estado negociando con los iraníes por la liberación de los rehenes secuestrados en Líbano, porque él nos había dicho que nunca haría eso.

El senado gastó $50 millones de dólares en las audiencias del Irán Gate y no pudo probar ningún error presidencial. Aún así, la opinión pública reaccionó en el sentido opuesto. Lo amamos por la supuesta muestra de fuerza al intentar mandar a Qaddafi al otro mundo como héroe de guerra, y lo vilipendiamos por su supuesta falta de coherencia al tratar de intercambiar armas por rehenes.

A usted le gusta y respeta el comportamiento coherente en sus clientes. A ellos les gusta y lo respetan en usted. Si usted está dispuesto a adoptar una postura basándose en sus principios, especialmente si parece que se está arriesgando a una pérdida financiera, ello da confianza a otras personas, y lo amarán por ello. Por ejemplo, si usted vende computadoras y tiene el valor de decir a sus clientes: "Por supuesto que a usted le interesa ahorrar dinero, y yo estaría a favor de ello si fuera lo mejor, pero no lo es. Yo sé que no quedarán completamente satisfechos a menos que compren el modelo con disco duro de dos gigabytes. Lo siento, pero no puedo venderles un modelo menor".

Ellos lo amarán por esto. Por supuesto que esto provocará sorpresa en algunos, pero si ha hecho su tarea y sabe lo que hace, tendrá poder sobre ese cliente. Si se repliega, ¿cómo podrían respetarlo?

Imagine que su doctor le dijera que usted necesita una cirugía de corazón para colocarle un bypass triple, y usted le dijera: "Creo que podré arreglármelas con un bypass doble". Si él le contestara: "Está bien, probemos con un bypass doble para ver cómo funciona", ¿qué pensaría usted de él entonces? ¿Dejaría que esa persona se le acercara con un bisturí? Yo no lo creo.

Cuando usted proyecta el poder del respeto, los otros negociadores lo notan; ellos admiran y respetan un conjunto de valores coherente, lo cual le da una gran influencia sobre ellos. Cuando está negociando y muestra una disposición a pasar cosas por alto, o de algún modo utiliza recursos que no debería estar utilizando, puede que obtenga una ganancia a corto plazo en esa venta. Sin embargo, obtendrá una pérdida a largo plazo en su habilidad para influir sobre ese comprador durante un periodo largo.

Sea cuidadoso de no establecer valores y después romper con ellos. No diga a ese comprador que nunca rebajará sus precios, y luego lo haga. Eso es peor que simplemente no establecer valores. Eso es lo que metió a Gary Hart en problemas durante la campaña presidencial de 1988. Yo no sé qué piensa usted sobre el asunto de Gary Hart, pero creo que pudo haber salido bien librado de pasar el fin de semana con Donna Rice si simplemente hubiera dicho: "Oh, seguro. Lo hago de vez en cuando. Me parece divertido". Yo creo que hubiera salido bien librado así, pero no diciendo al *Miami Herald*: "Oh, yo nunca haría algo como eso", y luego haciéndolo. Porque ellos lo van a descubrir siempre.

El poder del respeto es el factor de influencia más poderoso que hay. Ser capaz de proyectar exitosamente que usted tiene un conjunto de valores consistente, y que nunca se apartará de él, tiene un efecto formidable sobre las personas. Esta es la razón por la cual es más poderoso que los factores de influencia obvios de la recompensa y la coerción: aunque estos dos puedan tener un efecto inmediato y dramático sobre las personas, uno no puede mantenerlos durante mucho tiempo. Finalmente tienden a volverse contra uno.

El padre que siempre persuade a su hijo ofreciéndole recompensas, pronto se encuentra con que el niño aprende a esperar esas recompensas, y que se rebelará si no las obtiene. Puede que usted pague a un ejecutivo de su empresa $20 millones al año, y en las etapas iniciales esto constituya un gran factor de motivación. Él hará cualquier cosa con tal de asegurar la continuidad de esa recompensa. Sin embargo, año tras año el valor de esa recompensa empieza a disminuir.

Puede motivar a las personas con el poder de la coerción, amenazando con despedirlas, por ejemplo. Sin embargo, esto siempre se vuelve contra usted si intenta mantenerlo por mucho tiempo. Si continúa amenazando, la persona encontrará la forma de evadir la presión o bien aprenderá a vivir con ella. Por otra parte, el poder del respeto crece y crece. Mientras más tiempo proyecte que tiene un conjunto consistente de valores del cual nunca se apartará, más gente aprenderá a confiar en usted. De esa confianza nace un enorme poder para influenciar a las personas en una negociación.

El poder del respeto como factor de intimidación

Cuando las personas utilizan el poder del respeto sobre nosotros, puede resultar sobrecogedor, porque admiramos esa característica. Cuando le dice: "Sí, pero nosotros no hacemos negocios así. Nuestro fundador, que en paz descanse, dijo cuando inició este negocio hace 28 años: 'Establezcamos una lista de precios justa para nuestros productos, y nunca nos apartemos de ella'". Cuando escuchamos este lenguaje rimbombante, nos sentimos mal de ir en contra de él, porque admiramos a las personas que tiene principios y no nos gusta confrontarlos.

Cuando alguien está usando el poder del respeto de esta forma, usted tiene dos alternativas:

1. Establezca que aunque le estén diciendo que nunca han hecho una excepción a la regla, de hecho han habido excepciones. El poder de los precedentes es notable. Si usted puede establecer que ha habido una excepción en algún momento, invalida el

poder del respeto totalmente. El presidente Clinton fumó un cigarrillo de marihuana hace 25 años y perdió toda credibilidad en la lucha contra las drogas, y ni siquiera había tragado el humo. Si se encuentra en un hotel Holiday Inn en Florida pidiendo una concesión especial, y puede establecer que el Holiday Inn de Seattle le hizo una vez esa concesión, ello le da gran poder al tratar con ese empleado de mostrador de Florida.

2. Establezca que aunque pudo haber sido una buena regla en el pasado, actualmente ya no es muy inteligente mantenerla. Sé de una compañía que se encuentra entre las 50 de la lista de *Fortune* que durante años se salió con la suya diciendo: "Nuestro fundador estableció la política cuando fundó esta compañía de que nunca nos apartaríamos de la lista de precios. Debemos tener una lista de precios justa, y todos deben pagar lo mismo". La compañía pudo mantener eso por décadas, pero finalmente la competencia empezó a rebajar y ellos tuvieron que seguirla. Que haya sido su política por años no significa que deba ser su política ahora.

El poder del carisma

El quinto elemento del poder personal es el poder del carisma. Es probablemente el más difícil de analizar y explicar. ¿Qué es el carisma? Todos hemos escuchado acerca de religiones carismáticas, por supuesto. En este sentido, carisma significa un talento especial como don de Dios, tal como la habilidad para curar, o para profetizar. En el lenguaje común, carisma significa esto: una característica especial que da a la persona la habilidad de cautivar a otra persona, inspirando apoyo y devoción.

El sociólogo alemán Max Weber fue el primero que trajo el término al uso actual y lo presentó como una habilidad de persuasión que podía ser aprendida. Hasta principios de siglo, cuando pensábamos en autoridad pensábamos en ley o en tradición. Max Weber introdujo el carisma como la tercera forma de autoridad. Que sencillamente a partir de su personalidades, la gente podía influenciar a otros.

Max Weber también introdujo la teoría de que los líderes carismáticos surgen en tiempos difíciles. Esto sin duda es verdad en el caso de Adolfo Hitler en Alemania y Juan Perón en Argentina. Analice la política estadounidense reciente y encontrará también este fenómeno. Franklin Roosevelt fue elegido por primera vez a mitad de la gran depresión. John F. Kennedy fue elegido en el punto más álgido de la Guerra Fría. Ronald Reagan y Bill Clinton fueron elegidos durante épocas de turbulencia económica.

Dean Simonton, un psicólogo de la universidad de California-Davis, determinó los elementos que un candidato presidencial debe proyectar para ser considerado carismático. Debe tener una habilidad natural para la actuación, pulir conscientemente su imagen pública, utilizar eficazmente la retórica, hacer gala de maestría en la manipulación, proyectar una personalidad perfectamente definida y notoria, tener la habilidad para mantener su popularidad, disfrutar los aspectos ceremoniales del cargo presidencial, y debe ser un dínamo de energía y determinación.

Si aplica estas características al presidente que usted cree que es o era más carismático, verá que el carisma no es una característica misteriosa con la que debe nacer, sino una habilidad que puede desarrollar.

Las personas que se dedican a las ventas tienden a sobrevalorar el poder del carisma. Muchos vendedores de otra época me han dicho: "La única razón por la cual mi gente hace negocios conmigo es porque les agrado". Bien, no en estos días. No caiga en la trampa de Willie Loman. Aún hace 40 años, cuando Arthur Miller escribió *Death of a Salesman*, e hizo que Willie Loman dijera: "Lo más importante es agradarle a la gente", lo que hacía era burlarse. Por supuesto que es más probable que un comprador le haga un pedido si usted le agrada, pero no crea que esto le da mucho control. Los compradores están muy adelantados en nuestros días para eso. Está muy lejos de significar un control de las negociaciones.

El poder del carisma como factor de intimidación

Algunas personas son muy astutas al usar el poder del carisma contra usted. Sin darse cuenta, puede encontrarse haciéndoles concesiones sólo porque le agradan. Siempre que se vea arrastrado por la otra persona, deténgase y piense: "¿Haría esta concesión si no me agradara esta persona?".

EL PODER DE LA EXPERIENCIA

Otro elemento del poder personal es el poder de la experiencia. Cuando proyecta a la gente que usted tiene más experiencia que ellos en un área específica, usted desarrolla poder sobre ellos. Piense en las personas a las que adhiere el poder de la experiencia: su médico, su mecánico, y su plomero. Yo incluso me adhiero a la empleada doméstica que limpia mi casa cuando me dice que necesito comprar un limpiador especial para una superficie en particular.

Creo que el poder de la experiencia se está volviendo más importante a medida que el mundo en el que vivimos se hace más complejo. Creo que todo empezó con las videograbadoras.

En el momento en que admitimos que no podíamos imaginar cómo programar nuestras videograbadoras, admitimos que a partir de ese momento iban a haber muchas cosas para las cuales tendríamos que llamar a un experto. Quizás empezó antes. Recuerdo estar frente a un automóvil nuevo que mi padre había comprado a mediados de los años cincuenta. "¿Dónde está el hoyo para la manivela?", le pregunté.

"No tiene", me contestó.

"Eso no tiene sentido. ¿Cómo vas a prenderlo cuando la batería no encienda?" Yo estaba habituado a un auto al cual tenía que girarle la manivela durante 15 minutos en una fría mañana cuando mi madre quería ir por víveres.

"Yo tampoco estoy muy seguro", me dijo mi padre. "Ellos dicen que si la batería no lo prende, tienes un gran problema que debes arreglar".

"Eso aún no tiene sentido", repetí. Sin embargo, me acostumbré a ello, y me resigné a las videograbadoras. Y supongo que habrá muchas concesiones más de aquí al fin de mis días. Con la tecnología superándose a sí misma año tras año, mes tras mes, y pronto semana tras semana, el experto va a ser el rey. Cada uno de nosotros debe darse cuenta de que si no nos mantenemos frenéticamente como expertos en nuestro campo, la avalancha de tecnología nueva pasará sobre nosotros.

El poder de la experiencia es una característica personal, lo cual significa que si usted cambia, puede perder esta faceta de su poder. Todo lo que tiene que hacer para perder el poder de la experiencia en estos días es negarse a creer que debe trabajar continuamente en mejorar sus habilidades.

El poder de la experiencia como factor de intimidación

No permita que las personas lo intimiden con el poder de la experiencia. ¿Recuerda cuando se inició en su negocio y estudió el aspecto técnico de lo que hace, pero aún no tenía confianza en ello? Entonces recurrió a alguien que parecía saber más que usted. ¿Recuerda lo intimidante que fue? No permita que se lo hagan a usted. Cuando cuestionen su experiencia, no tema decir: "No soy experto en esa área, pero nuestros expertos son los mejores en el negocio. Puede confiar plenamente en ellos".

Los abogados y los médicos sí que utilizan esto, ¿no lo cree? Desarrollan todo un nuevo lenguaje que uno no puede comprender para proyectar que tienen la experiencia que uno no tiene.

No hay ninguna razón por la cual los médicos no puedan escribir sus recetas en español, pero si lo hicieran ello les robaría un poco de esa aura de misterio, un poco del poder de la experiencia. Los abogados son iguales. Desarrollan todo un nuevo lenguaje que no podemos comprender para proyectar el poder de la experiencia.

El poder circunstancial

El séptimo elemento del poder personal es el poder circunstancial. Todos estamos familiarizados con él. Es el caso de la persona en la oficina de correos, alguien que carece de poder en todas las demás áreas de su vida, pero en esta situación en particular puede aceptar o rechazar su paquete, tiene poder sobre usted, y disfruta usándolo.

Es frecuente en organizaciones grandes o en agencias de gobierno donde la gente no tiene mucha libertad en la manera en que lleva a cabo su trabajo. Cuando obtienen cierta libertad, cuando tienen algún poder sobre usted, están ansiosos de usarlo.

El punto clave en la negociación es que algunas veces llega a un punto en el que las personas tienen tanto poder circunstancial sobre usted, que va a perder sin importar lo buen negociador que sea. Si va a tener que hacer la concesión de todos modos, sin importar lo que haga, debe hacer la concesión con tanta gracia como le sea posible. No tiene sentido molestarse al respecto que pierda la buena voluntad de la otra persona, y tener que hacer la concesión de todos modos.

¿Cuántas veces hemos ido a una tienda departamental para hacer una devolución, y el encargado nos dice: "Muy bien, lo haremos esta vez, pero no es nuestra política normal"? ¿Qué sentido tiene hacer esto? Si usted va a hacer la concesión de todos modos, debe hacerla con tanta gracia como le sea posible, para mantener la buena voluntad de la otra persona.

El punto es: no permita que esto lo moleste. Los negociadores eficaces reconocen al poder circunstancial como lo que es, y se desplazan a un área donde tengan algún control.

EL PODER DE LA INFORMACIÓN

El último elemento del poder personal es el poder de la información. Compartir información crea un vínculo. Siempre que comparte información con alguien, usted se acerca a esa persona. Esta es la razón por la cual en los tiempos antes de que los miembros del congreso aprobaran leyes restringiéndose a sí mismos, ellos eran importantes en el circuito de las conferencias. Una asociación que podría resultar gravemente penalizada por la legislación del congreso, podía contratar a un diputado o a un senador para que fuera el orador en su convención anual.

La asociación podía permitirse pagar a esa persona unos muy buenos honorarios. No tenía que haber ninguna retribución involucrada. El simple hecho de que el legislador se hubiera mezclado con los miembros lo hacía tener un vínculo con esa industria. Los vendedores farmacéuticos, quienes pasan grandes trabajos para concertar citas con los médicos, saben que siempre deben aparecer con alguna información nueva, tal vez los resultados de un nuevo estudio, porque compartir información con el médico los vincula a él.

El poder de la información como factor de intimidación

No dar a conocer información tiende a intimidar. Las compañías grandes son hábiles para hacer esto. Desarrollan información en el ámbito ejecutivo que no comparten con los trabajadores. Esto no es porque sea muy confidencial. No es porque provoque algún daño. Es porque estas grandes compañías saben que un cierto nivel de hermetismo en el ámbito ejecutivo les da control sobre los trabajadores.

La raza humana tiene un enorme deseo natural de saber qué está pasando. No podemos tolerar el misterio. Uno puede poner a una vaca en un campo, y ella permanecerá en ese campo toda su vida sin preguntarse qué hay del otro lado de esa colina. Los seres humanos son capaces de gastar mil quinientos millones de dólares para mandar un telescopio Hubbell al espacio porque tenemos que saber qué está pasando allá afuera.

La información retenida puede ser muy intimidatoria. Imagine que ha hecho una amplia presentación a un comité de compras, y los miembros le dicen: "Necesitamos hablar sobre esto un momento. ¿Le molestaría esperar afuera en vestíbulo? Le avisaremos cuando pueda pasar". ¿Le sorprende sentirse incómodo sentado afuera en el vestíbulo? Nos molesta que la gente no comparta información con nosotros.

En el momento en que nos damos cuenta de que ellos pueden estar utilizando esto como una recomendación de negociación, no podrán intimidarnos más. Dese cuenta que pueden estar ahí hablando de los resultados del futbol, con el fin de que cuando regresemos a las negociaciones nuestro nivel de confianza haya disminuido, y el nivel de poder de ellos haya aumentado. Una vez que nos damos cuenta que se trata sólo de un ardid, no podrán intimidarnos más con esta recomendación.

COMBINACIONES DE PODER

Ya le he enseñado los elementos que le dan poder sobre otra persona. Son los siguientes: 1) el poder de legitimidad (el poder de su título o de su posición en el mercado), 2) el poder de la recompensa y el poder coerción (que casi siempre es ilusión, no realidad), 3) el poder del respeto (la habilidad para proyectar un conjunto de valores consistente), 4) el poder del carisma (el poder de la personalidad), 5) el poder de la experiencia, 6) el poder circunstancial, y 7) el poder de la información.

Tómese el tiempo para calificarse en cada uno de estos elementos, no como se ve a usted mismo, o tal vez ni siquiera como es en realidad, sino como usted cree que los demás lo ven. ¿Qué imagen de usted obtiene una persona con la que está negociando en cada una de estas áreas? Dese una calificación del 1 al 10 en cada una, siendo 1 muy débil, y 10 muy fuerte. Si su calificación queda en un promedio de ocho de calificación, esa es una muy buena cifra para un negociador eficaz. Usted tiene poder, pero aún tiene empatía hacia la otra parte.

Si su calificación es nueve, me preocupa que sea demasiado intimidante cuando está tratando con las personas. Menos de siete y medio
significa que tiene algunos puntos débiles. Examine los elementos
en los cuales se dio una calificación baja, y vea qué puede hacer para
acercarse al 10.

Mientras revisa esta lista, recuerde que estos elementos de poder
son también las maneras en que la otra parte puede intimidarlo hasta
hacerlo pensar que usted no tiene poder alguno. La próxima vez que
esté negociando y sienta que ha perdido el control —que están empezando a intimidarlo—, identifique cuál de estos elementos lo está
afectando. Identificarlo lo ayudará a manejarlo.

Ahora analicemos las combinaciones especiales de estos poderes.
Empecemos primero con el poder del respeto, el poder del carisma, y
el poder de la experiencia.

Los negociadores eficaces saben que estas primeras tres combinaciones son fundamentales si usted quiere controlar las negociaciones. ¿Conoce a alguien a quien le sea aparentemente sencillo persua-
dir a las personas para que sigan sus sugerencias? Tal vez presenció
una negociación con su jefe y él hizo que pareciera muy fácil. Estuvo
sentado con la otra persona conversando 15 o 20 minutos. No parecía
estar hablando de nada importante, pero al final de ese lapso la otra
persona dijo: "¿Qué tenemos que hacer aquí? ¿Necesitamos el modelo más completo, o será suficiente con el modelo normal? Díganos;
usted es el experto".

Esta es la manera en que él consiguió tanto poder sobre la otra
parte: hizo un buen trabajo proyectando el poder del respeto, el poder
del carisma, y el poder de la experiencia. El poder del respeto: "No
haré nada que no favorezca sus intereses, independientemente de
la ganancia que yo obtenga". Esto provoca confianza, ¿no? El poder

del carisma: él tiene una personalidad agradable. El poder de la experiencia: su gerente proyectó a la otra parte, sin ser autoritario, que él sabía más al respecto que ellos. Cuando uno conjunta estos tres, uno está muy cerca de controlar las negociaciones. Uno está muy cerca del punto en el cual la otra parte deferirá la decisión: "Bueno", dirá. "¿Qué cree que debamos hacer?" y ha cedido el control de la negociación a su lado.

Hay otra combinación de componentes del poder personal que es de una gran importancia para los negociadores eficaces. Los efectos de estos elementos fundamentales juntos son aplastantes. Cuando los cuatro se presentan juntos en una persona, lo que ocurre es increíble. Estos cuatro son: el poder de legitimidad (el poder del título), el poder de la recompensa (la habilidad para recompensar a las personas), el poder del respeto (el conjunto consistente de valores: no voy a apartarme de esto sin importar lo que pase), y el poder del carisma (la personalidad: el dinamismo con que se presenta).

Cuando estos cuatro se juntan en una persona el efecto es fenomenal, sea que se utilice para bien o para mal. Esto es lo que dio a Adolfo Hitler el control de Alemania en los años treinta. Él se mantuvo haciendo énfasis en el título: ¡Führer! ¡Führer! ¡Führer! Él se mantuvo haciendo énfasis en el poder de la recompensa. Se mantuvo diciendo a los alemanes: si hacemos esto, si invadimos Checoslovaquia y Polonia, obtendremos esto otro. El poder del respeto dictatorial: nunca nos apartaremos de esto. Hitler tenía también un poder de carisma hipnótico. Podía cautivar a decenas de miles de personas con su oratoria.

Esta también fue la manera en que David Koresh obtuvo el control sobre los Branch Davidians en Waco, Texas. Y tenía tal control que ellos querían que les dijera no sólo dónde vivir, qué pensar, y qué decir, sino también cuándo morir. David Koresh dijo a su gente que él era Dios. Ese es un muy buen título. ¡Es difícil mejorarlo! Él enfatizaba el poder de la recompensa: si sigues conmigo, irás al cielo. Si te vas con ellos, irás a prisión. El poder del respeto: no nos importa lo que piense el resto del mundo. Esto es lo que nosotros creemos. El poder del carisma: tenía la personalidad hipnótica que es el sello característico de los líderes de cultos.

El lado bueno de la moneda es cuando uno obtiene un John F. Kennedy. Todo presidente tiene el poder del título. Todo presidente es capaz de recompensar, pero no todo presidente puede proyectar un conjunto de valores consistentes. Esto fue la perdición de Jimmy Carter, y es el lastre de Bill Clinton, pues ambos vacilaban. Fue también la perdición de Richard Nixon al final.

No todo presidente es capaz de proyectar el poder del carisma. Este era el problema de Gerald Ford. Presentaba los otros tres elementos en abundancia, pero carecía de la personalidad para dar una buena impresión. Durante toda su carrera, Richard Nixon, aunque era brillante, fue perseguido por el hecho de que a poca gente le agradaba. Yo creo que ello fue también la perdición de George Bush, sobre todo porque sucedió a Ronald Reagan, quien era muy carismático. ¿Recuerda la imagen de Bush en el debate de Williamsburg? Con 94 millones de personas observando por televisión, Bush estaba parado ahí mirando su reloj y dando la apariencia de estar totalmente aburrido con todo ese asunto. Mientras tanto, Clinton se inclinaba hacia la audiencia diciéndoles que compartía el dolor de que un pan costara ahora $1.75.

John F. Kennedy y Ronald Reagan tenían estos cuatro poderes en gran abundancia, lo que los hizo los presidentes más populares de la historia moderna. Usted puede obtener esta clase de poder si se concentra en desarrollar estos cuatro elementos del poder personal. Cuando lo haga, le aseguro que notará una transformación notable en su capacidad para influenciar a las personas.

OTRAS FORMAS DEL PODER

Hay otras cosas que pueden darle poder, tal como el poder de compartir riesgos. Usted puede tener poder sobre la otra parte si es capaz de comunicarles que otros están compartiendo su riesgo. Este es el poder de una inversión en grupo: mientras más gente pueda involucrar para invertir, más fácil será que otros se anoten.

Si le pidiera que me apostara $5,000 contra $20,000 míos a cara o cruz, usted debería aceptar la apuesta. Le estoy ofreciendo una ganancia de cuatro a uno, con posibilidades de ganar de dos a uno. (Los jugadores profesionales le dirán que no importa cuánto apueste, siempre que las posibilidades de ganar sean mejores de lo que deberían). Sin embargo, el riesgo de perder $5,000 a cara o cruz puede ser demasiado grande para usted, y me diría que no. Piense en esto: si usted pudiera conseguir a 100 personas que estuvieran dispuestas a arriesgar $50, ¿aceptaría entonces? Lo más probable es que sí, porque aunque la ganancia potencial es la misma, usted considera que los otros están compartiendo el riesgo.

El mismo principio se aplica en inversiones en grupo. Si yo le pidiera que invirtiera $100,000 en una inversión de bienes raíces, usted se mostraría renuente a invertir tanto. Aun si yo le pidiera que invirtiera $5,000 podría considerar el riesgo demasiado alto. Sin embargo, si le dijera que tengo otros 19 inversionistas dispuestos a aportar $5,000 y que usted sería el vigésimo, es más probable que acepte mi oferta. También es más probable que acepte si le sugiriera invertir $100,000 en 20 inversiones diferentes en vez de invertir los $100,000 en una sola inversión, porque usted siente que está disminuyendo el riesgo.

¿Qué podemos aprender de esto? Que siempre que pueda demostrar que el riesgo que está pidiendo que tome la otra parte es un riesgo compartido, usted aumenta su poder para influenciarlos.

El poder de la confusión

Hay poder en la confusión. Esto puede sonarle extraño, porque usted siempre ha sabido que una mente confundida dirá "no". Eso es verdad; es importante asegurarse de que la persona con la que se está tratando comprenda en qué se está involucrando. Sin embargo, también es verdad que una mente confundida puede ser influenciada más fácilmente.

Si está negociando con alguien y le dice: "Usted tiene dos opciones, y es muy fácil entenderlas. Permítame explicárselas y entonces podrá elegir". Con este método usted tiene pocas posibilidades de influenciarlo, porque él puede identificar fácilmente las ventajas de cada opción y tomar su propia decisión.

En cambio, si le dijera: "Hay muchos caminos que podrían tomarse, y puede resultar confuso. Hay 25 opciones diferentes que puede elegir, y a menos que esté familiarizado con todas ellas, le será muy complicado saber cuál es la mejor para usted. Afortunadamente yo estoy muy familiarizado con las opciones, y he asesorado exitosamente a muchas personas que están en la misma situación", entonces la persona sería más maleable. Mientras más pueda confundirla, más posibilidades tengo de que me pida consejo, siempre y cuando pueda hacer que confíe en mí. Una mente confusa puede ser influida más fácilmente, pero sólo si tiene confianza en la persona que la influye.

¿Recuerda cuando la corte liberalizó la industria de telefonía de larga distancia en 1984? AT&T puso al aire una serie de anuncios de televisión con un actor de confianza que decía: "Muy pronto todo será tan confuso que muchos no sabrán ni cómo hacer una llamada de larga distancia. Afortunadamente AT&T, la compañía en la que usted ha confiado durante muchos años, estará cerca para ayudarlo". Comprensiblemente, Sprint y MCI pusieron el grito en el cielo, y AT&T tuvo que quitar los anuncios. Fue un intento flagrante de manipular a las personas haciendo parecer la situación más confusa de lo que era.

Como puede ver, hay mucho poder en la confusión. La mejor defensa con la que usted cuenta es simplemente estar alerta y no permitir a la otra persona confundir el asunto de manera que usted se deje llevar sus ideas. Cuando él empiece a salirse por la tangente, dígale: "No veo cómo todos estos detalles se relacionan con mi elección. En vez de confundir la situación, concentrémonos en los puntos clave, ¿le parece?"

El poder de la competencia

Uno puede influenciar en una negociación si manifiesta que tiene muchas opciones, y que no necesita cerrar un trato ahí y en ese momento. Si hace notar que hay competencia para obtener su producto o servicio, lo más probable es que el comprador aumente su oferta. Especialmente si les dice que usted no tiene necesidad de vender, y mucho menos a un precio más bajo del que está pidiendo. Por ejemplo, usted puede decir al comprador potencial: "Me gustaría darle más tiempo para tomar una decisión, pero necesito saber ahora, porque ya tengo otras dos ofertas y no sería justo tener a los otros compradores esperando".

Si usted está comprando, resulta aleccionador para cualquier vendedor saber que tiene muchas otras opciones a precios más bajos. Si está llamando por un anuncio clasificado de un bote o un automóvil, puede decir: "Voy a ver otros dos esta tarde, a las 7 y a las 8. Ellos no piden tanto como usted, pero me gustaría considerar el suyo de todos modos. ¿Puedo ir a verlo a las 6?"

Los móviles de la negociación

P ocas veces alguien que no sea un negociador profesional piensa cuál es el móvil del otro negociador, porque todos tendemos a asumir que lo que motiva a la otra persona es lo mismo que nos motiva a nosotros. Los sociólogos llaman a esto "sociocentrismo". Esto significa que pensamos que la otra persona quiere lo que nosotros querríamos si fuéramos ellos.

Los negociadores eficaces saben que lo que nosotros querríamos si fuéramos ellos puede no tener nada que ver con lo que ellos quieren. Los negociadores eficaces saben que mientras mejor se entienda cuál es el móvil de la otra persona —qué es lo que en realidad quiere obtener—, más fácil será satisfacer sus necesidades sin desviarnos de nuestra posición. Los negociadores poco eficaces se meten en problemas porque temen ser vulnerables a los trucos de la otra parte si revelan mucho de sí mismos.

En vez de querer descubrir cuál es el móvil de la otra parte, y revelar sus propias motivaciones, el negociador poco eficaz se deja llevar por miedos que no le permiten abrirse.

Peter Pestillo, vicepresidente ejecutivo de relaciones corporativas de Ford Motor Co. y destacado negociador laboral, señala que debe evaluarse la negociación y determinar qué es lo más importante para uno: "¿De qué clase de negociación se trata?", dice. "Si se trata de una negociación aislada, puede concentrarse en el resultado. Pero si hay una relación prolongada involucrada, la victoria reside en hacer que ambas partes se sientan satisfechas. Tome únicamente lo que necesita, y no intente hacer a nadie quedar mal". En esta sección analizaremos los distintos móviles que tiene la otra parte cuando está negociando con usted. Reconocer y comprender estos móviles constituye el secreto de las negociaciones de ganancia recíproca.

El móvil de la competencia

El móvil de la competencia es el que los negociadores neófitos conocen mejor, y es por el cual consideran el negociar como un reto. Si usted da por hecho que la otra parte está ahí para vencerlo a cualquier precio, entonces sentirá temor de encontrarse con alguien que pueda ser mejor negociador que usted, o con alguien que es más despiadado. Puede encontrarse este móvil en el negocio de compraventa de automóviles. El encargado atrae a los clientes ofreciendo "los precios más bajos de la ciudad", pero paga a sus vendedores con base en la ganancia que puedan obtener de la venta. El cliente quiere el precio más bajo aún si el encargado pierde dinero, o el vendedor pierde su comisión. El vendedor quiere elevar el precio porque es la única manera en que puede obtener ganancias.

Los negociadores bajo el móvil de la competencia creen que uno debe saber todo lo que pueda sobre la otra parte, pero que los otros no deben saber nada de uno. El conocimiento es poder, pero los negociadores bajo el móvil de la competencia creen que a causa de esto, mientras más sepa y mientras menos revele, mejor le irá. Cuando está recabando información, no crea cualquier cosa que los otros negociadores le digan, porque pudiera tratarse de una trampa. Él reúne información encubiertamente por medio de los empleados o los asociados de la otra parte.

Ya que asume que la otra parte está haciendo lo mismo, él trabaja asiduamente para evitar la fuga de información de su lado. Lo que origina este método es la creencia de que debe haber un ganador y debe haber un perdedor. Lo que está faltando es la posibilidad de que ambas partes puedan ganar a causa de que no estén buscando exactamente lo mismo, y sabiendo más acerca de la otra parte, cada una puede ceder en aspectos que son importantes para la otra parte pero que pueden no ser significativas para la suya.

El móvil de las soluciones

El móvil de las soluciones constituye la mejor situación en que un negociador se puede encontrar. Es cuando la otra parte está ansiosa de encontrar una solución y está dispuesta a hablar sobre la mejor manera de lograrla. Significa que nadie amenaza a la otra parte, y que ambos negociarán de buena fe para encontrar una solución de ganancia recíproca.

Los negociadores bajo el móvil de las soluciones están abiertos a soluciones creativas porque sienten que en algún lado debe haber una mejor solución que no se les ha ocurrido. Se necesita una mente abierta para ser creativo.

Considere las variables que compradores y vendedores pueden proponer en una transacción tan sencilla como la venta de una casa. El comprador puede alojar al vendedor dándole tiempo adicional para encontrar otra casa. El vendedor puede rentar la casa al comprador por un plazo prolongado. El costo puede incluir todo o parte del mobiliario. Los vendedores pueden conservar una propiedad de por vida en la casa que les permitiría quedarse en ella hasta su muerte. Esta es una gran idea para la gente mayor que necesita dinero pero que no quiere mudarse. Los honorarios del agente de bienes raíces pueden eliminarse, o puede pedírsele que reciba sus honorarios en un pagaré en vez de en efectivo. El comprador puede mudarse pero posponer el cierre del trato para ayudar al vendedor con el impuesto sobre la renta.

Lo bueno de tratar con alguien que está bajo el móvil de las soluciones es que ellos no tienen nada escrito en piedra. No están restringidos por la política de una compañía o por la tradición, ni creen que todo es negociable porque todo fue negociado. Lejos de quebrantar la ley o sus principios personales, ellos escucharán cualquier sugerencia que les quiera hacer, porque no lo consideran su competidor.

Parece la solución perfecta, ¿no le parece? Ambas partes cooperando para encontrar la mejor y más justa solución. Sin embargo, existe una salvedad. La otra parte puede estar fingiendo estar bajo el móvil de las soluciones. Una vez que ha puesto sus cartas sobre la mesa y les ha dicho exactamente lo que quiere hacer, ellos pueden volver al móvil de la competencia. Si las cosas parecen demasiado buenas para ser verdad, manténgase alerta.

EL MÓVIL PERSONAL

Pueden encontrarse situaciones en las que el móvil principal del otro negociador no sea ganar por ganar, ni encontrar la solución perfecta. Su móvil principal puede ser su propia ganancia o su engrandecimiento. Un caso que viene rápidamente a la mente es el del abogado que cobra honorarios sobre una base periódica y no sobre una base eventual. En este caso lo que interesa al abogado es no encontrar una solución demasiado rápido. Cuando se enfrente a esto, investigue qué puede hacer para satisfacer esa necesidad personal de más honorarios. Puede que le convenga amenazar al abogado con pasar sobre su cabeza y llevar su solución directamente a su cliente. No le agradará, por supuesto, pero si él cree que su cliente podría aceptar esa propuesta si usted pasara sobre su cabeza, es posible forzarlo a aceptar.

Otro ejemplo puede ser el de un joven negociador corporativo quien quiere quedar bien con su compañía. Lo último que él quiere hacer es regresar con las manos vacías, de manera que la mejor estrategia para usted puede ser dejar claro que él tiene un plazo límite y paralizar las negociaciones. Puede que usted obtenga un magnífico arreglo en la limusina camino al aeropuerto si él prefiere acordar cualquier cosa a regresar a casa con las manos vacías.

Un ejemplo más sería el de un negociador sindical que quiere quedar bien con sus afiliados. En este caso puede que a ambas partes les interese hacer una demanda inicial exorbitante. Entonces él puede regresar con los afiliados y decirles: "No pude conseguir todo lo que ustedes querían, pero miren cuál fue la posición inicial de ellos. Fui capaz de hacerlos ceder en todo esto para beneficio de ustedes". Si usted hubiera tomado una posición inicial más modesta, habría sido más difícil para él convencer a sus afiliados, porque ellos no hubieran sentido que su sindicato había hecho lo suficiente por ellos.

El móvil organizacional

Puede encontrarse en una situación en la que el otro negociador parece tener el móvil de las soluciones. Él en efecto quiere encontrar la mejor solución, pero el problema es que tiene que ser una solución que pueda vender a su organización. Esto ocurre a menudo en el congreso, donde el senador o el congresista está a favor de un acuerdo razonable pero sabe que los votantes de su estado o distrito se burlarían de él. En votaciones cerradas esto ocurre todo el tiempo.

Sea cual sea el partido al que pertenezcan, los políticos que tienen el apoyo de sus votantes, votarán rápidamente. A aquellos que tendrían problemas en casa les gustaría apoyar a su partido, pero se muestran renuentes a acatar la norma. Entonces la dirigencia del partido cuenta las manos para saber cuántos votos necesitan para ganar por un voto. Luego dejan que los miembros que resultarían más lastimados por votar a favor de la iniciativa voten "no". Aquellos que resultarían menos lastimados son inducidos, a mi parecer como corderos llevados al matadero, a votar en favor de la iniciativa.

Me es difícil creer que cualquier senador inteligente se opondría a la prohibición de armas de asalto en nuestras calles, pero muchos de ellos fueron forzados por sus radicales votantes a oponerse a una iniciativa de ley de control de armas.

Cuando esté negociando con alguien que debe complacer a una organización, puede que ellos se muestren renuentes a plantearle su problema porque ello podría parecer una colusión. Usted necesita pensar: "¿Quién puede estar dándoles dolores de cabeza con respecto a esto?" ¿Deben burlar a sus accionistas, a su departamento jurídico, o tal vez las reglamentaciones de gobierno, para llevar a cabo la mejor solución? Si logra entender el problema de ellos, puede hacer cosas que favorezcan la solución más aceptable para esa organización. Por ejemplo, puede tomar una posición más radical en público que la que toma en la mesa de negociaciones. De este modo lo que acuerda da la impresión de hacer concesiones mayores.

Una vez una compañía me contrató para ayudarla cuando su sindicato de ensambladores se puso en huelga. Los negociadores del sindicato creían que la solución que habían negociado era razonable, pero no podían convencer de ello a los afiliados, los cuales estaban buscando con quién desquitarse. Nosotros diseñamos una solución en la que el periódico local entrevistara al gerente de la compañía. En esa entrevista él expresaba un sincero pesar por estar atrapado en una difícil situación.

El sindicato no pudo hacer que los afiliados aceptaran el acuerdo, y el gerente no pudo ofrecer nada mejor a la junta de directivos y accionistas. Todo parecía indicar que la huelga lo forzaría a trasladar la producción de la fábrica a la planta de ensamblaje en México. Al día siguiente, las esposas de los trabajadores abrieron el periódico para encontrar el siguiente encabezado: "Se cierra planta. Empleos en el sur".

Para la tarde de ese mismo día, las esposas habían presionado lo suficiente a los trabajadores como para que aceptaran el trato que habían descartado previamente. Si está tratando con alguien que necesita convencer a su compañía del acuerdo, usted debe estar siempre buscando las maneras en que esto se facilite.

El móvil de la actitud

Este negociador cree que si ambas partes se agradan y confían en la otra, pueden resolver sus diferencias. El negociador bajo el móvil de la actitud nunca resolvería un problema por teléfono o valiéndose de un intermediario. Ellos quieren estar frente a frente con la otra persona de modo que puedan saber de quién se trata, en la creencia de que: "Si nos conocemos lo suficiente, podemos encontrar una solución".

Jimmy Carter es un negociador de actitud. Él inició el contacto con los norcoreanos cuando éstos se negaban a dar marcha atrás a su programa de armas nucleares. Él se reunió con el general haitiano Cedras hasta el borde de la guerra, y abogó con el presidente Clinton por unos minutos más para razonar con el general. Cuando finalmente logró un acuerdo, invitó al dictador a ir a su iglesia en Plains, Georgia, a dar una plática en la escuela dominical. El problema con este tipo de negociación es que puede llevar fácilmente al apaciguamiento de la otra parte.

El negociador bajo el móvil de la actitud está tan ansioso de encontrar bondad en la otra parte, que puede ser fácilmente decepcionado. Un buen ejemplo de esto fue cuando el primer ministro de Inglaterra, Neville Chamberlain, hizo un intento de último minuto para evitar la guerra con Adolfo Hitler. Chamberlain regresó a Inglaterra proclamando que había evitado la guerra cediendo sólo parte de Checoslovaquia. Adolfo Hitler ya se había dado cuenta de que era un tonto, y no pasó mucho tiempo antes de que el resto del mundo coincidiera con el juicio de Hitler.

Es útil que ambos negociadores se conozcan y se agraden mutuamente, porque es difícil lograr una solución de ganancia recíproca si no confían el uno del otro. Sin embargo, los negociadores eficaces saben que uno debe favorecer una solución que convenga a ambas partes. Entonces es mutuamente benéfico para ambos respaldar el acuerdo y vigilar que se ponga en práctica.

La negociación eficaz de ganancia recíproca

Para terminar, hablemos de la negociación de ganancia recíproca. En vez de intentar dominar a la otra persona y forzarla por medio de engaños a que haga cosas que no haría normalmente, creo que uno debe trabajar con la otra persona para solucionar los problemas y crear una solución con la cual ambos ganen. Puede que piense: "Roger, obviamente tú no conoces la industria en que me desenvuelvo. La gente con la que yo negocio no se anda con rodeos. En mi industria no existe eso de ganancia recíproca. Cuando estoy vendiendo, obviamente trato de obtener el precio más alto posible, y el comprador obviamente trata de obtener el más bajo. Cuando estoy comprando, ocurre lo contrario. ¿Cómo podríamos ganar los dos?

Pero analicemos el punto más importante. ¿Qué es lo que queremos decir con *ganancia recíproca*? ¿Significa efectivamente que ambas partes ganan? ¿O significa que ambas partes pierden en igual medida, de modo que el acuerdo resulta justo? ¿Qué pasaría si ambas partes pensaran que ganaron y que la otra parte perdió? ¿Sería eso ganancia recíproca? Antes de que descarte esta posibilidad piénselo un poco más. ¿Qué pasaría si usted vendiera algo y terminara la negociación pensando: "Gané. Hubiera rebajado el precio aún más si la otra persona hubiera negociado mejor"?

Sin embargo, la otra persona está pensando que ganó, y que hubiera pagado más si usted hubiera negociado mejor. Ambos creen que ganaron y que la otra persona perdió. ¿Es esto ganancia recíproca? Sí, yo creo que lo es, siempre y cuando sea un sentimiento permanente.

Siempre y cuando ninguno de los dos se despierte al otro día pensando: "Desgraciado. Ahora entiendo lo que me hizo. Esperen a que me lo encuentre".

Esta es la razón por la cual insisto en hacer las cosas que favorezcan la idea de que la otra parte ha ganado, como las siguientes:

1. No abalanzarse a la primera oferta.
2. Pedir más de lo que espera obtener.
3. Estremecerse ante las propuestas de la otra parte.
4. Evitar la confrontación.
5. Representar al "comprador renuente" y al "vendedor renuente".
6. Utilizar la recomendación del "torno".
7. Utilizar la autoridad superior y "el bueno y el malo".
8. Nunca ofrecer dividir la diferencia.
9. Poner a un lado los temas que provocan estancamiento.
10. Pedir siempre una compensación.
11. Estrechar sus concesiones.
12. Preparar a la otra parte para la aceptación espontánea.

Regla uno de la negociación de ganancia recíproca

Lo primero que tiene que aprender es esto: no reduzca la negociación a un sólo problema. Si, por ejemplo, resuelve todos los demás problemas y lo único que resta por negociar es el precio, alguien tiene que perder y alguien tiene que ganar. Si usted mantiene más de un problema sobre la mesa, puede ofrecer en cualquier momento concesiones de manera que a la otra persona no le moleste ceder en el precio ya que usted puede ofrecerle algo a cambio.

Algunas veces los compradores intentan tratar su producto como si fuera materia prima, diciéndole: "Nosotros compramos esto por toneladas. Mientras cumpla con las especificaciones, no nos importa quién lo hizo o de dónde viene". Ellos están intentando manejar esto como una negociación de un sólo aspecto, para persuadirlo de que la única manera en que puede hacer una concesión valiosa es bajando su precio. Cuando esto ocurra, usted debe hacer todo lo posible para poner sobre la mesa otros aspectos tales como la entrega, los términos, el embalaje, y las garantías, de manera que pueda utilizarlos para negociar y escapar de la idea de que se trata de una negociación de un sólo aspecto.

En un seminario se acercó a mí un corredor de bienes raíces. Estaba emocionado porque casi había terminado de negociar un contrato para la construcción de un gran edificio comercial. "Hemos trabajado en ello más de un año", dijo. "Y casi lo tenemos resuelto. De hecho hemos resuelto todo excepto el precio, y sólo tenemos una diferencia de 72,000". Yo me estremecí, pues me di cuenta que ahora él había reducido la negociación a un sólo problema, y por lo tanto tendría que haber un ganador y un perdedor. Por muy cerca que estuvieran, probablemente se dirigían a un callejón sin salida. En una negociación de un sólo aspecto usted debe agregar otros elementos de manera que pueda negociar con ellos más tarde y dar la imagen de que está haciendo concesiones.

Si usted se encuentra en un punto muerto en una negociación de un sólo problema, debe intentar agregar otros aspectos a la mezcla. Afortunadamente lo normal es que muchos otros elementos, aparte del principal, sean importantes en las negociaciones. El arte de la negociación recíproca es poner juntos esos elementos de la manera en que se arma un rompecabezas, para que ambas partes puedan ganar.

La regla 1 es: no reduzca las negociaciones a sólo un problema. Mientras puedan resolverse estancamientos encontrando puntos comunes en los asuntos menores, para mantener la negociación en movimiento como le enseñé en el capítulo 10, usted nunca debe reducir la negociación a un sólo problema.

Regla dos de la negociación de ganancia recíproca

Las personas no están en búsqueda de las mismas cosas. Todos tenemos una tendencia preponderante a asumir que la otra persona quiere lo que nosotros queremos, y por ello creemos que lo que es importante para nosotros será importante para ellos. Pero esto no es verdad.

La trampa más grande en la que caen los negociadores neófitos es asumir que el precio es el asunto más importante en una negociación. Muchos otros elementos además del precio son importantes para la otra persona. Debe convencerla de la calidad de su producto o servicio. Necesita saber que usted entregará a tiempo. Quiere saber que usted dará una supervisión administrativa adecuada a su cuenta. ¿Qué tan flexible es usted en sus términos de pago? ¿Su compañía tiene la solidez financiera suficiente para establecer una asociación con la de ellos? ¿Tiene usted el respaldo de una fuerza de trabajo bien entrenada y motivada? Todo esto entra en juego junto con otra media docena de factores. Cuando ha convencido a la otra persona de que usted cumple con todos esos requerimientos, entonces, y sólo entonces, el precio se convierte en un factor decisivo. La segunda regla para la negociación de ganancia recíproca es esta: no suponga que ellos quieren lo que usted quiere. Porque si lo hace, también supondrá que cualquier cosa que haga en las negociaciones para ayudarlos a obtener lo que quieren los ayudará a ellos y le afectará a usted.

La negociación de ganancia recíproca puede darse sólo cuando usted entiende que las personas no quieren las mismas cosas en una negociación. La negociación eficaz se convierte no sólo en un asunto de obtener lo que se quiere, sino también de preocuparse de que la otra persona obtenga lo que quiere. Uno de los pensamientos más poderosos que puede tener cuando está negociando no es: "¿Qué puedo obtener de ellos?", sino: "¿Qué puedo ofrecerles que no me aparte de mi posición?" Porque cuando usted da a la gente lo que quiere, ellos le darán a usted lo que quiere en una negociación.

Regla tres de la negociación de ganancia recíproca

No sea demasiado ambicioso. No intente obtener hasta el último dólar sobre la mesa. Puede que usted haya triunfado, ¿pero esto le beneficia si la otra persona siente que usted lo ha derrotado? Resulta muy caro tomar el último dólar que queda sobre la mesa. Un hombre que asistió a mi seminario en Tucson me dijo que pudo comprar la compañía de que era dueño gracias a que el otro comprador potencial cometió ese error. La otra persona había negociado implacablemente, y había llevado al vendedor al borde de la frustración. Con la intención de "rascar" hasta el final, el comprador dijo: "Va a poner llantas nuevas a esa camioneta antes de hacer el traspaso, ¿cierto?". Esa fue la gota que derramó el vaso. El dueño respondió con furia, se rehusó a venderle la compañía, y en cambio se la vendió a la persona del seminario. Así que no intente obtener todo, deje algo sobre la mesa para que la otra persona sienta que también ganó.

Regla cuatro de la negociación de ganancia recíproca

Ponga algo de regreso sobre la mesa cuando la negociación haya terminado. No quiero decir que les diga que les dará un descuento sobre lo que negociaron. Quiero decir que haga algo más de lo que prometió hacer. Ofrézcales un pequeño servicio extra. Preocúpese por ellos un poco más de lo que es su obligación. Entonces se dará cuenta de que ese pequeño extra por el cual no tuvieron que negociar significa más para ellos que todo aquello por lo que tuvieron que negociar.

Ahora permítame recapitular lo que le he enseñado acerca de la negociación de ganancia recíproca. Las personas tienen distintos estilos de personalidad, y debido a esto negocian de maneras diferentes. Usted debe entender su estilo de personalidad, y si es distinto al de la otra persona, debe adaptar su estilo de negociación al de ella. Los estilos diferentes significan que en una negociación personas diferentes tienen metas diferentes, relaciones, estilos, fallas, y métodos distintos de obtener lo que quieren.

El ganar es una idea, y favoreciendo constantemente la de que la otra persona está ganando, usted puede convencerla de que ella ha ganado sin tener que hacerle ninguna concesión. No reduzca la negociación a un sólo problema.

No suponga que ayudar a la otra persona a obtener lo que quiere lo aparta de su propia posición. Ninguno está buscando las mismas cosas. Los negociadores poco eficaces tratan de forzar a la otra persona abandonar la posición que han tomado. Los negociadores eficaces saben que aun cuando sus posiciones sean totalmente opuestas, los intereses de ambas partes pueden ser idénticos, de manera que trabajan para que la gente abandone sus posiciones y se concentre en sus intereses. No sea ambicioso. No intente llevarse hasta el último dólar sobre la mesa. Ponga algo de regreso en la mesa. Haga algo más aparte de aquello por lo que negociaron.